# 教会孩子吃苦
# 就是给孩子幸福

武鹏程 编著

天津出版传媒集团

天津科学技术出版社

### 图书在版编目(CIP)数据

教会孩子吃苦就是给孩子幸福 / 武鹏程编著.
—天津：天津科学技术出版社，2013.9
ISBN 978-7-5308-8234-4

Ⅰ.①教… Ⅱ.①武… Ⅲ.①儿童教育-家庭教育
Ⅳ.①G78

中国版本图书馆CIP数据核字(2013)第191041号

---

责任编辑：王　祯　张　婧
责任印制：张军利

---

天 津 出 版 传 媒 集 团
天津科学技术出版社 出版
出版人：蔡　颢
天津市西康路35号　邮编300051
电话(022)23332400
网址：www.tjkjcbs.com.cn
新华书店经销
雄县鑫鸿源印业有限公司印刷

---

开本 710×1000　1/16　印张 15.5　字数 200 000
2014年1月第1版第1次印刷
定价：38.00元

# 前言

"我也没少他吃,也没少他穿呀?这孩子为什么就是不上进,总让我操心呢?"

"看人家谁谁谁的孩子,我看人家也没怎么管,可孩子为什么就那么懂事呢?"

"我不认为我哪里做错了,我总是把最好的给他,可为什么还是有人说我教育方法不当呢?"

相信上述几个问题是很多父母最关注的,父母认为自己把所有能给的都给了孩子,无私的爱却换不来一个听话懂事的好孩子。总觉得哪里出了问题,但是又无法准确找出症结所在。有不少父亲在孩子面前炫耀自己当年英雄事迹的时候,都会用自豪的语气说:"哼!想当年,你爸爸我是一穷二白,可真的是白手起家,不知吃了多少苦遭了多少罪。瞧瞧你,你现在可是真幸福,要啥有啥!"这类父亲可能都忽略了一个重要细节,他们手里有钱了,什么都能给孩子,但却忘了把自己当年白手起家的吃苦本领传授给孩子。

总有一天,孩子肯定会走出校园,走向社会;总有一天,孩子肯定会和一群不认识的人一起工作。社会,才是真正的大考场,不过,只有能吃苦的强者才能生存。

本书在编写阶段,考虑到教育方案的可操作性,所以加入了大量翔实生动的案例以及针对性较强的解决办法,希望能给广大家长朋友们提供更多的儿童教育新思路。

# PART1：引导孩子成为自己生活的主人

目录

### Step 1：别再做孩子的闹钟
Test：你是不是孩子的人肉闹钟？
Why：三催四请，其实是父母自找的
引导孩子用心学习，尽情玩
跟孩子一起制作个家庭时间表

### Step2：别让孩子成为大懒虫
Test：懒人习惯，孩子有几个？
Why：懒惰恶习，让天才变蠢材
通往成才路上，勤为捷径
培养孩子勤劳、精益求精的品格

### Step3：别把孩子养成大笨鸡
Test：算算孩子运动频率
Why："宅"习惯养出"奥"少年
孩子爱运动更容易集中精力
培养孩子的运动兴趣

### Step4：别忽略孩子的生活能力
Test：你的孩子独立生活了吗？
Why：父母管太多，孩子变生活"白痴"
别小看孩子的动手能力
父母不当仆人，让孩子自己来

# 目录

### Step5:别阻止孩子接触大自然

Test:孩子徒步去过的最远的地方
Why:"小心!",成为阻挡孩子与自然的屏障
大自然里有着孩子学不完的知识
陪孩子走出去

### Step6:"摸"让孩子学会更多

Test:让"摸"还是不让"摸"?
Why:孩子通过感觉了解世界
简单的"不许"让孩子更烦躁
与孩子一起探索

## PART2:引导孩子成为物质的主人

### Step1:别给孩子频繁地买玩具

Test:你的孩子有多少个正在玩的玩具?
Why:喜新厌旧,让孩子无法懂得真正的乐趣
新玩具不新奇,新玩法才有趣
引导孩子钻研老游戏,新玩法

### Step2:别让孩子太挑食、太随性

Test:你的孩子有多少件丢掉的玩具和衣服?
Why:挑食、浪费,不知道珍惜
珍惜是孩子感情学习的第一课
父母在行动:拒绝挑食大行动

# 目录

## Step3:别给孩子过于虚荣的幸福

Test:给孩子怎样的幸福？
Why:灾难来临，才了解父母的"无奈"
挖掘孩子"白手起家"的潜质
教给孩子受用一生的技能

## Step4:向冲动型消费告别

Test:追赶潮流型消费，孩子占几条？
Why:"XX有，我也要"
追求名牌的孩子有多少
引导孩子正确的消费观

## Step5:别让孩子成为金钱的奴隶

Test:零用钱，你给孩子多少？
Why:别让孩子认为金钱可以买到一切
孩子要钱，给不给？给多少？
教孩子理财方法，胜过留金山

# PART3:引导孩子成为情绪的主人

## Step 1:别纵容孩子随便发脾气

Test:你的孩子在家是不是说一不二？
Why:愤怒让人失去理智
教个方法引导孩子发泄情绪
三思而后行

# 目录

## Step2:别让孩子沉沦悲观情绪

Test:谁偷走了孩子的快乐？

Why:走进孩子悲观情绪的背后

给悲观插上翅膀，化悲痛为力量

引导孩子做最坏的打算，往最好处努力

## Step3:别让孩子停驻"左右为难"

Test:你的孩子遇到困难怎么做？

Why:父母只提意见，少用命令

遇到困难，至少要表达意见

父母该放开手、松开嘴

## Step4:别让负面情绪害孩子

Test:孩子讲不高兴的事时，该怎么回应？

Why:负面情绪给孩子带来的伤害

孩子需要的认同感

简单两句话，处理孩子的负面情绪

# PART4:引导孩子认识自己的力量

## Step1:奥特曼，只在电视中

Test:问问孩子喜欢奥特曼什么？

Why:告诉孩子他不是超人

挫折，时常会打击孩子

鼓励孩子走出挫折阴影

# 目录

### Step2:给孩子自我反省的时间
Test:你的孩子犯错误,你会怎样?
Why:"我没错",那错在哪儿?
要学会"吃一堑长一智"
每次失败要让孩子学会更多

### Step3:鼓励孩子多尝试
Test:孩子最喜欢新游戏、新玩法吗?
Why:孩子不敢尝试新挑战
肯定自己,才会发现自己的力量
给孩子体验成就感的机会

## PART5:引导孩子成为大脑的主人

### Step 1:别让"唬弄"赶跑信任感
Test:你的孩子打针,哭吗?
Why:让孩子了解什么是痛苦
让孩子认识到能承受的痛苦
告诉孩子有必要承受的痛苦

### Step2:别遮住孩子观察的眼睛
Test:孩子的观察力怎样?
Why:"马虎"先生可不好
培养一个体贴的孩子
教孩子观察周围环境

# 目录

## Step3:"为什么",让孩子发现更多

Test:你的孩子喜欢问问题吗?
Why:看看孩子问问题的心理
回答孩子问题的窍门
鼓励孩子多做假设,激发想象力

## Step4:别让孩子只看"单色"的世界

Test:五彩缤纷的世界
Why:狂妄自大,把孩子囚禁"单色"世界
鼓励孩子换角度思考
理解别人,让孩子换得好人缘

## Step5:别让孩子只会说"对不起"

Test:你的孩子会经常道歉吗?
Why:公式化的道歉没意义
一千句"对不起"顶不上一个解决问题的能力
父母别着急,听听孩子的辩解

# Part 1
# 引导孩子成为自己生活的主人

　　日上三竿却仍然赖床不起,学校放假却整日"宅"在家里;叠被扫地全不会,年纪虽小,浑身是赘肉;四体不勤五谷不分,坚称麦子在秋天割。这些都可以说是当下孩子的真实写照,离开父母他们立刻就会不知所措。似乎有很多父母对此并不太着急,总是认为,孩子还小呢,等长大自然就好了。什么时候才算长大?领结婚证的时候吗?

# Step1:别再做孩子的闹钟

### Test:你是不是孩子的人肉闹钟?

孩子是最幸福的,每天自起床开始到晚上躺进被窝,所有事情都有一个"人肉闹钟",即父母来告诉他们什么时候该做什么事情。

**清晨七点:**"该起床了"、"马上起!要迟到了"、"我再叫最后一次"、"我进去掀被窝了啊"。

妈妈的心声:起床时刻是人肉闹钟高频率出现的时段,一边是我不厌其烦一遍遍地呼唤,另一边是这个讨厌的小懒虫哼哼唧唧还是躲在被窝里千呼万唤不出来。最后还是我进去用冷手伸进被窝里给他来个小小的惩罚,这个赖床大王才能很快从被窝里出来。

孩子的心声:再多睡一会儿怎么了,实在是真的不想离开我温暖的小被窝。哎呀,多想像周末那样睡到太阳晒屁屁,那样该多好。我真的想在自己的房门加装一扇超级无敌防盗门,让老妈无法进来打扰我的美梦。

当孩子睡眼惺忪磨叽半天起床后,又会听到"人肉闹钟"的下一轮提醒。

**七点十五:**"赶紧刷牙去"、"记得把脸擦干净"、"拉过便便了吗"。
**七点三十:**"赶紧吃饭"、"别再左右瞎看了"、"吃完了吗"。

妈妈的心声:眼看就快要迟到了,这个小家伙居然还是不紧不慢,细嚼慢咽外加左顾右看,他怎么就不知道什么叫着急呢?真真急死人了!再不快点,他迟到了是小事,我到单位迟到的话可是要罚钱的呀。

孩子的心声:吃早饭的时候最不愿看到的就是妈妈心急如火的表情了,催什么催啊,就不能让我安安生生地把饭吃完吗?唉!大人们真是的,怎么就不知道什么叫淡定呢?

**七点四十:**"鞋带系好了吗"、"扣子怎么又扣错了"、"公交卡带了吗"、"抓紧时间"。

妈妈的心声：任我教过多少遍，他还是会把鞋带系成死扣。什么时候看他的领口，永远都会把第一个扣子扣进第二个扣眼里。另外，每天出门落下一样东西在家里，甚至已经成了他个人难以改掉的"良好习惯"。

孩子的心声：我为什么会把鞋带系成死扣，为什么会把扣子系反，这都是因为老妈不停地在旁边提醒，她那唠叨式的提醒方式，搞得我疲于应付，只想尽快把事情搞定，谁知道越慌就越容易出错。唉，烦死了。

**八点整**："慢点儿跑别摔着"、"到学校听老师话"。
到了下午放学时去接他，人肉闹钟又开始了新一轮的运作。
**下午五点半**："跟老师说再见"、"坐好了吗"、"小心脚别挤到了"。
**晚上六点半**："快点儿吃饭，别光盯着电视"、"老师留作业了吗"、"赶紧吃完晚饭好写作业"。
**七点**："还看电视呢"、"马上关掉电视"、"开始写作业"。
**七点半**："写完了吗""什么时候开始练琴啊""你就磨叽吧"。
**九点**："赶紧换睡衣"、"洗脚了吗"、"马上睡觉"、"最后一个故事了，讲完马上睡觉"、"你是不是又想不刷牙就睡觉"。

妈妈的心声：又到了小少爷睡觉的时候了，这个鬼精灵小眼睛一眨，肯定又是想不刷牙就睡觉。从来都没有说主动洗脚的，这家伙肯定想着能躲过一回是一回，我要是不催着他天天洗脚，没准儿长大后和他爹一样是汗臭脚。

孩子的心声：每天作业可以少做一点，钢琴可以少弹一点，但电视却一定不能少看。世界上最讨厌的事情莫过于睡觉前还得洗脚和刷牙了，我的脚又不臭，还有就是晚上有一次不刷牙，第二天就会长虫牙吗？最让我不舒服的就是睡前故事了，每次都讲那么一丁点儿，根本不过瘾，想知道结尾都不行，带着一大堆问号，怎么睡得着啊？

孩子是需要父母来提醒的，因为他们还没有在大脑中建立起系统的时间观念。市场上出售的闹钟是无法解决这个问题的，因为闹钟一响孩子会立刻让它停止

然后继续我行我素。只有父母亲自出马，把自己变成一个无比智能又不厌其烦的人肉闹钟，才能时刻监督这个小懒鬼，帮他养成健康的作息规律，建立起正确的时间观念。

其实父母的出发点当然是好的，但任何一种教育方案的提出，其终极衡量标准只有一条，即这种方案是否取得了效果。

## Why:三催四请，其实是父母自找的

父母做唠叨的提醒闹钟，其实完全是出于自愿的，因为孩子从来都没有主动要求父母来承担这个角色。

催洗澡得催上几十遍；原本一小时就能完成的作业，非得拖上三四个小时……不少年轻的父母无奈地抱怨，孩子升入小学高年级，却变得越来越拖拉。

其实为人父母的，都是希望孩子从小就能够自主独立，可惜咱们费心费力口干舌燥地没少操心，换来的是孩子并不领情的抱怨。

到底是谁把孩子变成这样的一个拖拉鬼、磨叽包、"肉夹馍"，事实上有时候做父母的应该自我反省一下。

**案例：**严先生的女儿在某小学就读，再过小半年就要面临小升初，严先生认为这是女儿求学历程上的重要一步。但有一个烦心事儿让严先生痛苦不已，他发现自己的女儿尽管马上就要面临升学了，但做作业的速度却越来越拖拉。有时候仅仅就是简单的几道数学题而已，但是女儿都能磨磨蹭蹭地坐上两个多小时还没弄完。

不光是做作业，其他生活上的事情，女儿也是能拖一会儿就拖一会儿，说得不好听点儿，简直就像一头光吃不动的小懒驴，不拿鞭子打两下就不知道动弹。本来她妈妈和她商量好的，晚上最迟九点上床睡觉，可这个小丫头竟然磨磨蹭蹭不慌不忙地洗漱、洗脚，等到全部洗漱完毕，已经是晚上十一点了。因为这事儿，孩子她妈妈和爸爸是没少苦口婆心地教育她，可这孩子每次都是答应得好好的，但总是"一只耳朵进一只耳朵出"，照旧我行我素。

如果有人说，家长频繁叮嘱和催促，是造成孩子拖拉的主因，肯定会有很多

家长反对这种说法。很多父母肯定都会有这样的心声:"现在不仅要我们三催四请,而且还怪我们:太啰唆。我们不啰唆,能请得动他吗?"

乍一看,这似乎是个"先有鸡或先有蛋"的终极命题。到底是父母的三催四请造成的孩子拖拉,还是孩子的拖拉造成的父母三催四请。

**我们认为,纠缠这个问题的答案对教育孩子来说是没有任何现实意义的,因为现在不是追究责任的时候,而应该把所有的精力放在对孩子教育上。**

首先,父母应该停止由来已久的三催四请。因为孩子基本上都有严重的依赖心理,这种心理是在他们还是婴儿时期就已经形成了。那个时候他的吃喝拉撒睡、行停坐卧走,全部都要坐着等父母来弄,而父母也会因为爱孩子而乐意这么默默奉献。经过一两年这样的生活,孩子就会养成一种衣来伸手饭来张口的习惯,这时候的他已经觉得父母为他做这些是本就应该的,是再正常不过的事情。

在孩子渐渐长大之后,父母觉得应该停止孩子现在的生活模式,应该让孩子自己试着独立了。于是,一遍遍的三催四请就由此开始。

**例如:**"你自己穿鞋子,鞋带要系好,快点儿,别磨蹭了!"、"快点儿吃饭,别看电视了"、"该起床了,我再叫最后一遍啊"、"快点儿,别磨叽了,再等就迟到了"等等。

面对这类催促性的话语,孩子一开始是不会太认真对待的,因为他认为父母肯定不会不管他。另外,孩子还会对父母的催促也产生出依赖性,这种心理可以解释为"我不用担心早上上学迟到,因为妈妈会来叫我起床的"、"我不用吃饭吃得那么快,反正妈妈会提醒我的"、"我不用把衣服扣子扣得那么整齐,反正妈妈会帮我弄的"。

现在您该明白了吧,孩子拖拉的真正原因是他有父母这两座稳定的靠山。另外,还有一种情况,即孩子做功课时拖拉,这属于另一种情况,孩子是想通过拖拉和磨蹭来表示自己的抗议。

现在的孩子个个都是鬼精灵,很会观察,会从父母的管理中,想出应付的方式。有时候,孩子拖拉正是抱着"学校作业做完后,爸爸妈妈还要布置家庭作业,

Step1:别再做孩子的闹钟

不如把做作业的时间拉长点"的心态。

父母停止三催四请的教育方式,其实有点类似于给孩子的思想上"断奶",让他在思想层面停止对父母的依赖。

## 引导孩子用心玩

学习和玩耍之间的矛盾,在有些父母看来似乎是无法调和的,但事实真的如此吗?您肯定也经常发现这样的情形,孩子在写作业的时候总是有点心不在焉的感觉,他们脑子里多半在想着电视里的卡通片或者同伴新买的玩具。

对于孩子来说,最佳状态当然是能够"学的时候用心学,玩的时候痛快玩"。但他们很少能够做到这一点。

这是可以理解的,因为孩子没有很好的自控能力,也没有行之有效的方法来作为参照。这个时候,父母的合理引导就显得非常有必要。

总体来说,父母的引导基本可以分为三个方面。

第一:引导孩子学会集中注意力。

孩子的精力是非常旺盛的,他们一天叽叽喳喳的闹个不停,总没有停下来的时候。可问题是他们不太能够合理掌控和分配自己的精力。要克服这个问题,父母不一定要板着面孔唱黑脸。

当然,还是要首先对孩子声明一些不能不遵守的规则。例如,作业绝对不能敷衍了事,如果事后检查出问题,肯定是要进行惩罚的,这是必须要树立威信的。比如如果作业出错较多,那么看电视或其他玩的时间就会相应被减少,如果完成质量超过预期,那就用延长玩耍时间来作为奖励。

父母可以和孩子进行一些考验专注能力的小游戏,例如:

快速记忆大考验:让妈妈做裁判,爸爸和孩子进行挑战,各自拿出一本故事书,任意翻出一页,在半分钟内迅速看完一整页内容,然后合上书,向裁判复述出刚才你看到的故事的大致内容,然后听取评价,获得相应分数。

为增加趣味性和积极性，可以为这类小游戏设置一些小奖品，例如水果、零食或小玩具等。

第二：事先和孩子就"玩"和"学"的精力分配问题进行商议。

如果孩子能够将学习的内容全部高效率地搞定，就没必要进行更多的限制。

**例如，孩子早早地将作业保质保量地提前完成，而且父母检查没发现问题，面对父母的额外学业提问，孩子也都对答如流，那就自然可以允许他去玩了。但是，玩耍的时间是必须要进行限定的。**

这样做是为了防止孩子的沉迷，避免孩子的睡眠质量因在玩耍上耗费过多的精力而下降。

父母可以和孩子就玩耍时间进行限定，并制定出一定的奖惩措施。例如，每次看电视的时间如果限定在四十分钟，那么假若孩子超过了三分钟还没有关掉电视，他明天看电视的时间就会由原来的四十分钟减少到三十分钟。而如果孩子能够连续一个月都坚持没有违反这个时间限定，那么他就可以获得一次去公园的游玩机会，或者从下个月开始，每天看电视的时间由四十分钟增加到四十五分钟。

总之，就是要通过这样一个细化到分钟的规则，来让孩子明白，当他遵守时就会获得奖励，而如果违反时，就会获得相应惩罚。至于究竟是惩罚还是奖励，全要靠孩子自己决定。因为父母并非是有意的以势压人，他们可是很早就把规则申明了很多遍的。这种规则一旦深入孩子的内心世界，就会帮助孩子把遵守这些规则变成一种习惯，而这种好的习惯一旦在孩子心里根深蒂固，他就会下意识地去调整自己的作息时间，调整自己的精力分配。

第三：为孩子创造出一个有利于分配和掌控精力的良好环境。

这一点是比较容易理解的，首先，要为孩子开辟出学习区和娱乐区，不能将两者混淆。尤其不能将孩子写字的书桌放在电视机旁，或者在书桌周围放玩具等，这些都有可能使孩子的注意力发生偏移。其次，父母自己也要以身作则。有些父母竟然会一边搓麻将一边对孩子的学习指手画脚，这在全世界的教育专家看来都

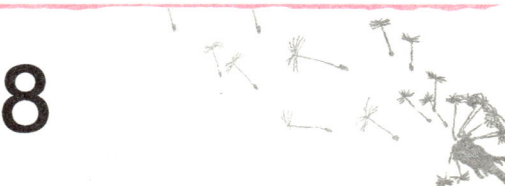

是不能容忍的行为。另外，在孩子学习的时候，父母尽量不要去打扰他，不要在这个时候去给他送水果，也不要在这个时候盯着他写作业，这样反而会让孩子无法集中精力。还要注意电视机或电脑的音量，最好把孩子房间的门窗做好隔音处理。

## 跟孩子一起制作个家庭时间表

为什么父母苦口婆心的殷切提醒，在孩子那里都难见成效。

一般情况下，人的大脑会根据实际需要来调控自己的听觉神经。

事实上，人的大脑只会接受并记住那些对人自身来说最重要的声音。这实际上出于实际需要，因为我们每天要听到来自外界的各种声音，如果我们的大脑对这些声音照单全收，全部同等重视并进行详细分析和记忆，那么人的大脑很快就会精力不济。而事实上，当人的大脑听到一句说话声时，会在瞬间进行分析，如果这句话不重要，那么就不会再分出精力来进行专门的思考和记忆。

那么在人的大脑看来，什么样的话是不需要重视的呢？一种是和自己无关的说话声，另一种就是那种和自己有关，但已经重复了无数次的说话声，这种声音，也就是我们常说的，唠叨！

当父母善意的提醒以固定的几句短语在孩子耳边高频率地出现时，这种提醒在孩子那里就被理解为唠叨了。

将人肉闹钟的提醒转变为能够让孩子接受并引起他注意的方式，这才是问题的关键所在。而建立完整系统的家庭时间表是一个不错的选择。

父母可以和孩子进行商量，然后在家庭时间表中提前规定好每个时段应该做的事情，以及对所做事情的具体细节上的要求。

这个商议阶段一定要被重视起来，因为这实际上是一种父母和孩子之间的契约，而契约在实施之后是否具有约束力，还是要看在制定时有否得到双方的同意。在所有细节都确定下来之后，双方要在上面签上自己的名字，以示遵守规则的决心。

7：00　必须在五分钟之内起床，自己穿衣服和鞋袜，出门之前叠好被子（单独找一个时间，教会孩子如何系鞋带和叠被子）。

7：20　用10分钟的时间完成刷牙和洗脸，另有5分钟的上厕所时间。

7：40　吃早饭的时间可酌情定在10—15分钟，吃饭时不能左顾右看。

8：00　吃完饭后抓紧时间收拾自己的个人物品，书包、帽子、红领巾、胸卡、公交卡、钥匙等。要教孩子学会在头天晚上就把第二天早上走时要带走的东西都集中起来放在专门的地方，第二天直接拿走上学去。

18：00　下午放学到家后，换鞋、换衣服，把脱下的鞋袜放在指定的地方。开饭之前是自由活动时间，此时间段可以看课外书，也可以玩玩具，看卡通片等都可以。当然，如果能够到厨房给妈妈帮忙，肯定就能得到相应的奖励。

18：30　开饭之前必须洗手，洗手必须仔细，不能敷衍了事。吃晚饭时最好不要和孩子聊学习成绩或者可能引起情绪低落的话题，毕竟"食不言"是一个很好的习惯。吃饭时可以看电视，但不能盯着电视忘了吃饭。

19：00　吃过晚饭之后，有30分钟的娱乐时间。可以看电视，也可以和父母做一些亲子游戏。我们的建议是不要让孩子沉迷于电视，父母应该积极地想出更多更有意思的亲子游戏，来转移孩子对电视的注意力。亲子游戏是消除代沟的最佳方式，它能够让父母和孩子走得更近。

20：00　要安排30到40分钟的时间，来专心写家庭作业或者温习功课。

20：40　睡前一定要记得刷牙、洗脚，最好让孩子自己做。

21：00　来个睡前故事吧，故事的选择一定要温馨有趣，这样可以帮助孩子做一个好梦。但事先要针对故事的长度商量好，不能没完没了，就讲一个睡前故事。

这个家庭时间表的制作和实施，都需要根据具体情况来进行局部变更，以适应不同的家庭。

在具体的实施过程中，可以给每个具体规则后面加上相应的分数，总分数可以定为100分，各自所占的比例可以自行酌定。

比如，每天睡觉前只要没忘记刷牙和洗脚，就可以得到25分。每个周日都可以召开专门的家庭会议，对孩子这一周的得分情况进行汇总和通报。如果连续四周的

得分都超过了95分,那就可以得到一定的奖励,例如一次海洋馆的旅行,或者奖励一个高级玩具等等。

　　孩子在逐渐适应这个时间表后就不再需要父母这样的人肉闹钟去不断提醒自己该做什么了。

教会孩子吃苦 就是给孩子幸福

## 培养孩子时间观念的小步骤

常听一些家长抱怨孩子做事情拖拖拉拉，起床、穿衣都要半天，刷牙、吃饭总是磨磨蹭蹭。做事情的时候边玩边干，大人明明告诉孩子再过十分钟要迟到了，可孩子不配合，照样在一边磨蹭，大人干着急也没办法。

且不说孩子做事没有时间概念，我们身边的大人也常出现办事拖拉散漫、约会不守时等现象。为什么在快节奏生活里忙碌着的大人，还会缺乏时间管理能力呢？

### 一分钟能干什么

我们可以通过具体事情让孩子认识时间的长短，比如一分钟、十分钟。我们可以先问："你知道一分钟有多长？"孩子可能回答不知道，或很长。这个时候我们先把时间量化，告诉孩子一分钟等于60秒，也就相当于从1数到60。然后再把时间具体化，填充进具体的生活事件，即让孩子来猜想一分钟能做成哪些事情。

### 制定"活动时间表"

我们可以帮助孩子制定自己的"活动时间表"，让孩子感觉到时间的流逝以及时间与自己某些活动的联系。比如，孩子晚间在家的作息时间，几点钟看动画片，几点钟玩游戏，几点钟洗漱，几点钟上床睡觉。家长可以制作一张简单的表，在表示时间的地方画上生动、直观的时钟，并且在家里放一个真正的时钟当参照，帮助孩子有序地活动。

### 培养时间观念小阶梯

出生没多久的孩子吃喝拉撒睡都跟着感觉走，家长不必刻意调整其作息，尽量满足。

1个月大时，帮助孩子形成按时睡眠、按时吃奶的"生物钟"。

1岁左右，着手调整活动时间，如安排固定的玩耍、午睡时间等。

2-3岁，用数数感受时间流逝，可以把"等一下"这样抽象的概念换成数几个数。还可以让孩子看时钟指针，并告诉孩子当指针转到某一位置时，表示某些活动该进行了。

3-4岁，认识时间词汇，使时间具体化。通过日常琐事，加强对白天、中午、夜晚的印象。

5岁至学龄前，简单了解"过去"和"未来"。家长可以利用故事书中事件的进展来讲解时间。

**Step1: 别再做孩子的闹钟**

# Step2:别让孩子成为大懒虫

## Test:懒人习惯,孩子有几个?

有的妈妈会发现,不知从什么时候起,自家的孩子竟然成了一个十足的小懒虫,以下这些懒惰的习惯,您的孩子会有几个?

### 在学校里的懒惰行为

老师提问,懒得举手发言:最让老师郁闷的事情,就是当他满怀激情地提出问题,然后用满怀期待的眼神注视几十个孩子时,竟然只有寥寥几个手举起来。对于懒得举手的孩子来说,最郁闷的事情就是被老师点到自己,回答问题有什么意思啊,又不能得奖,我才不稀罕站起来听老师夸奖呢。

课间懒得和伙伴玩游戏:这类孩子在课间的时候,很少愿意走出教室和其他伙伴踢球或者玩耍,他们更愿意呆在教室里睡觉或者发呆。

懒得做值日:每次轮到自己值日时,都是懒洋洋地应付差事,教室的打扫都是敷衍了事。

体育课上懒得动弹:体育老师在做示范时,懒孩子总是坚持能不动则不动的原则,随便晃荡几下胳臂以应付老师。老师让跑圈时,慢慢吞吞故意拖延,少跑一圈是一圈。

### 回家后的懒惰行为

见了长辈懒得打招呼:这一条越来越成为现在孩子的通病,走路老是耷拉个脑袋,遇见长辈和自己打招呼时,也都是嘴里哼唧一声应付差事,有时候连头都懒得抬一下。

懒得做作业:每次都是在父母的高频率唠叨声的催促之下,才懒懒地走向书桌。即便是开始做作业,也还是心不在焉,时不时左顾右看。要么是胡乱一写草草了事,要么是拖拖拉拉半天写不完。

懒得帮妈妈做家务:从来不会去帮助妈妈倒垃圾或者择菜什么的,整天张着个小嘴就等着吃饭。你说让他去楼下帮忙买瓶酱油吧,这孩子竟然一脸痛苦,就好像你让他去北大荒种地一样。妈妈在这个时候最大的挑战就是如何让孩子迅速把视线

从电视上转移开。

懒得吃饭：真的是这样，有的孩子连饭都懒得吃。总是一副没睡醒的样子，吃饭也不积极。到了饭桌上也是提不起胃口，胡乱吧嗒两口菜就兴味索然地离开了饭桌。任你怎么苦口婆心地劝说，人家就是懒得动筷子，就是不好好吃饭。搞得妈妈很郁闷，都说人是铁饭是钢，一顿不吃饿得慌，这小家伙怎么一天到晚就从没见他狼吞虎咽过？奇怪，怎么就不知道饿呢？

懒得和父母一起做亲子游戏：您和孩子他爸可能是费尽心思才设计了几个好玩的亲子游戏，可是当把孩子叫过来时，他却一脸的无所谓，丝毫提不起玩游戏的兴趣，像个提线木偶一样没有表情，大人让做什么他才去做什么，太不给面子了。

懒得洗脚和刷牙：每次都是等妈妈把洗脚水准备好之后，这个小懒虫才心不甘情不愿地抬起双脚让妈妈把一双臭鞋子脱掉。而且，你会发现自己的小懒虫竟然还会有"选择性健忘"，他从来不会忘记卡通片在几点几分播出，该演到哪个情节了，但是，每次上床睡觉前，他肯定都会忘记刷牙。

赖床大王：这是懒惰的一个典型特征，尤其是气温稍低的时候，这个赖床大王任凭妈妈在外面千呼万唤，他就是不肯从被窝里出来。每次都是象征性地答应一声"马上"，然后继续蒙头大睡。在他看来，从温暖舒适的小被窝里出来，战战兢兢地克服寒冷，顶着冷风去上学，简直就是最痛苦的事情了。

懒得叠被子：现在孩子中，有几个是早上起床后能自己主动把被子叠好、把床铺好的，在大多数妈妈看来，自家孩子要是能做到不需要催促就直接起床，这已经是谢天谢地了，怎么还敢奢求孩子自己去叠被子铺床啊？

懒惰，是一种缺点，是一种习惯。当某种缺点被养成一种坏习惯时，就变得难以根除。

当孩子们养成懒惰的习惯时，父母也就不得不变得唠叨起来，父母希望通过不厌其烦的提醒来帮助孩子改正懒惰的坏习惯，以免在将来这个毛病给孩子带来更多麻烦和问题。

所有人都知道，在激烈的社会竞争中，一个大懒虫究竟具备多少生存能力呢？

## Why: 懒惰恶习，让天才变蠢材

我们希望自己的孩子将来能成长为一个什么样的人呢？最好能够是一个心态积极向上，敢打敢拼，有很强的独立生活能力，具备自主思维能力，无不良嗜好，手脚勤快，具备健康全面的人格，乐于助人的人。

### 课上懒得举手发言

这样的孩子可能是出于多种原因而懒得举手发言的，有可能是他对老师的问题不感兴趣，也可能是他不喜欢这个老师，还有就是他觉得回答问题没有什么意思。

无论是出于何种原因，不爱举手发言的孩子，肯定就会少了在公共场合发言的锻炼机会。这对孩子将来的心理素质和语言表达能力，以及社交沟通能力来说，都不见得是个好事。

举手发言，这个行为本身看似简单，但却能够考验孩子多方面的能力。要在课堂上完成举手发言的动作，就必须首先专心听讲并明白老师所提问题的含义，然后大脑要在很短的时间内进行分析和思考，形成一个答案的雏形，紧接着要克服举手时所产生的紧张感，老师示意孩子可以站起来回答时，真正的考验才由此开始。

因为很多人都有过类似的经验，本来脑子里把要说的话都已经整理得好好的，可站起来之后一看到黑压压的一大堆人，脑子里顿时嗡的一下，全是空白。当所有人都注视着你时，那种紧张感会被提升到极致。

在这种情况下，如果孩子还能够坚持下来并以清晰的条理回答完老师的提问，那么对他而言这就是一个了不起的成就，甚至对他整个人生都有着革命性的意义。

可如果这种行为被懒惰所压制，孩子就会失去原有的语言表达能力，直至变得不善言辞，甚至沉默寡言。

### 课间懒得和伙伴玩游戏

表面上看这是孩子懒得动弹，实际上是一种不合群的表现。在国外，这类孩

子是需要专门进行心理辅导的。在教育专家看来，小孩子懒得参与伙伴的游戏，这个问题的严重性要远远大于孩子期末考试得了倒数第一。

伙伴之间的游戏，对儿童幼年的成长是必不可少的。在游戏的过程中，孩子的社交能力和沟通能力会有一个很好的提高。在游戏中，孩子还能学到领导能力和理解能力。游戏玩得好的孩子，将来长大之后，基本上都会积极乐观，有很强的社群生存能力。

懒得做值日

有不少孩子确实有懒得做值日的习惯，他们面对要打扫集体卫生的任务时，表现得极为消极。

这类孩子往往没有很强的集体归属感和荣誉感，他们将集体的事情置身事外，认为这和自己没有关系，缺少"我为人人，人人为我"的集体意识。一个知识和智力上再优秀的孩子，如果缺乏集体归属感和荣誉感，就很容易被群体所孤立。

懒得做作业

这是一种厌学的表现。孩子因为对作业和学习缺乏兴趣，进而就没有积极性，对功课只是敷衍了事。

懒得帮妈妈做家务

孩子不爱做家务，一方面是家长溺爱的结果，另一方面是孩子本身没有受到良好的引导。当孩子觉得自己无法从家务活动中获得精神鼓励或物质激励时，自然也就不会提起兴趣，进而表现出懒惰的行为来。

不爱做家务的孩子，会对父母日夜操劳做家务的行为看作是一种理所当然的行为。这样的孩子不会对父母的辛勤劳动心怀感恩，这不利于他们形成健康全面的人格。

Step2:别让孩子成为大懒虫

赖床

赖床不仅仅是懒惰，更是一种自控能力差的表现。他们不愿意离开温暖的被窝，去接受寒风的考验。

懒得整理内务

很少有孩子愿意主动去铺床叠被子，也不会去打扫地板，收拾自己的房间。这一点在很多父母看来也是一种奢望，孩子能够不赖床他们就已经很高兴了。古语说得好"一屋不扫，何以扫天下"，要想培养孩子的独立生活能力，就需要从打扫自己房间开始。

在各类新闻报道中，我们不难发现有很多儿童被誉为"神童"或"天才"，可我们同时也能发现，如果这些所谓的天才整日沉迷于自己暂时的荣誉中，那么在他止步不前的时候，很多人依靠自己的勤奋和努力，早已将这些天才们甩在身后。一旦养成懒惰的习惯，再天才的孩子也会变笨的。

## 通往成才的路上，勤为捷径

每一位父母含辛茹苦，目标都是想把孩子培养成有用之材。

如何才能成为有用之材，如果真的有什么捷径可走的话，那就是勤奋了。

事实上我们不妨在这里一起使用换位思考的方式来讨论一下，在不同人眼中，可造之材都应该具备哪些优点。

长辈：如果一个孩子手脚勤快，见人都能主动打招呼，脑子还灵活，遇事转得快，那这孩子将来肯定就是可造之材；

老师：我喜欢的学生，应该是上课勤于思考，勤于举手回答问题，这样的孩子将来肯定能够鹤立鸡群，如果这孩子还能够积极做值日，热爱集体生活，又能和伙伴们打成一片，那么，在我眼里这样的孩子基本上就完美了。

企业老板：对于刚毕业的学生而言，那些思维敏捷、手勤嘴勤、办事利落，且能举一反三的人，我肯定乐意优先让他们留下来，这样的人如果不是人才，那什么样的

人才是?

　　*岳母/婆婆：我未来的女婿/儿媳，应该是嘴甜孝顺，手脚勤快，办事利落，脑子转得快的人，这样的话，我的女儿/儿子，将来的日子里，是无论如何都不会吃亏的。*

　　综合上述观点可以看出，勤奋是一个人能否成为人才的基础要素。而从勤奋本身的定义来看，它可以分为两个层面，一是思维上的勤快，二是肢体行为上的勤快。两者都具备，才能叫真正的勤奋。

　　在家里勤做家务的孩子，在劳动的过程中能够体会到父母的辛苦，进而就有助于消除父母和孩子之间的隔阂。

　　更多的劳动经验还能增加孩子的生活经验，加深孩子对生活的感悟与理解，有利于孩子在心智上更加成熟。

*爱做家务*

1.身体的协调能力和动手能力，都会得到非常好的锻炼。

2.和同龄人相比会更早拥有独立自主的生活能力，将来进入高中或大学时，就会显现出更多优势。他将来在结婚之前肯定度过一段相当长时间的单身期，这时，独立自主的生活能力就可以令他的生活有条不紊。

3.由于能接触到生活的更多环节，因此孩子就随之多了一些思考机会。他们可以在这个过程中思考垃圾分类、废物利用、居家窍门等等问题，为生活中的小问题寻找更多的解决方案。

*学校值日表现积极*

1.这类孩子有很强的集体意识，以及集体荣誉感。这会让他把集体的事情当作自己的事情，随之而来是超强的合群能力，在踏入社会后就表现为生存能力。而且这类孩子可能很早就会具备领导能力。

2.这类孩子更容易获得群体认同，换言之，就是他们在将来会更容易被社会各类群体所接纳。这对孩子将来的就业、升职、婚姻等都有很强的助力作用。

思维上不懒惰

1.无论是成材还是成功,自主思维能力在任何时候都是不可或缺的。爱动脑筋的孩子,往往会在行动之前就在脑子里对事情进行分析和思考,这样既避免了鲁莽行事,又能帮助他们做出最冷静、最合理的选择。

2.爱动脑筋的孩子,往往能够另辟蹊径,想出别具一格的解决方案。这使得他们能够在与同龄人的竞争中脱颖而出。

为什么说勤奋是一种成材的"捷径"呢?

这是因为,当两个能力相近的人被他人比较时,勤奋才会作为一种优势显现出来,并可能最终发挥出决定性的作用。试想一下,您的孩子在长大之后,到一家公司应聘,人事主管肯定会拿他和别的竞聘者进行比较,可能大家的学历、荣誉、相貌等条件上都非常接近,难以找出最好的,可如果人事主管发现您的孩子和其他人相比,更加勤奋,那么肯定会优先考虑聘用您的孩子留在自己的企业里。

其实,不单单是企业,在任何事业单位里,勤奋的下属肯定要更受上司欢迎。

要让孩子变得勤奋,首先要让他从态度上先作出改变。

用微笑来面对所有人。一个人用微笑去面对别人,同样会得到微笑,这会让他的处事态度发生转变。

学会宽容。有的孩子喜欢动怒,事情稍微不顺就开始生气撂挑子,这会让他们产生破罐子破摔的消极态度。

自我激励。父母要引导孩子学会自我激励。当没有人给自己加油时,自己仍然可以通过自我激励来获得前进的能量。

## 培养孩子勤劳、精益求精的品格

如果把古今中外的成功人士身上的优点综合起来看,我们就会发现,他们都有一个共同点,那就是勤劳和精益求精。

勤劳的孩子善于确立自己的努力方向,而精益求精的品格可以促使他们对自己的目标坚持不懈。精益求精，就是在把事情做好的基础上，努力做得更好。精益求精是一个普通人让自己走向卓越的最佳途径。

要培养孩子积极做事且能够精益求精，就需要对他进行系统的训练，具体的训练方案可以根据自己孩子的实际情况来确定。训练也可以以游戏形式展开。总之，要让孩子乐于接受，并且难易有度。

第一步：把勤劳变成习惯

这需要父母的坚持和强硬，不能因为孩子的撒娇或抗议而妥协。例如，让孩子每天上学出门前把屋里的垃圾装袋儿带走扔到门口的垃圾桶里，每天都要提醒孩子，让他每天都要重复做这件事情。天天如此，一个月或数月之后，这件事情就会在孩子的意识中形成一种习惯。这实际上是一个从量变到质变的过程。孩子主动拎一次垃圾袋可能不算什么，但如果这种好的行为能够坚持五到十年呢？如果真的能够坚持到这么长时间，那就会功德无量的。

类似有助于帮助孩子将勤劳变成习惯的事情还有：
每天晚上要洗脚，睡觉前必须刷牙。
闹钟响后必须在五分钟内起床，起床后必须叠被子。

做家务需要物质奖励或精神奖励吗？这个问题是很多家长都会遇到的，我们的建议是：

首先，不要用钞票作为奖励手段，这反而会增加孩子形成拜金主义价值观的风险。

其次，可以适当使用玩具、美食、游玩机会等作为奖励措施，但不可频繁使用，以免让孩子形成依赖心理。

再次，精神奖励，是我们最提倡的激励方式。在孩子做家务后，父母可以用赞许的眼神，或者轻轻拍拍孩子的肩膀或头部的方式来激励。这种激励方式，在效果上要好于前两个方法，还不会产生反效果。

第二步：培养耐性

如果说勤劳可以克服懒惰，那么耐性就是做到精益求精的必备法宝。

儿童往往都是精力充沛的，但最缺的就是耐性，他们很容易就出现烦躁的情绪。

第三步：做事要精益求精

游戏：一二三"木头人"

这是一个亲子游戏，爸爸和妈妈都可以参与进来，要么是静坐，要么是凝视对方眼睛，不准眨眼，眨眼就算输。

这样做的用意就是通过游戏来让孩子学会如何静下来。只有把自己静下来，才能够在做事的时候精益求精。

游戏：家务大考验

挑一个周末，让孩子对自己的屋子进行大扫除。但不要事先告诉他要具体做什么，等孩子做完之后，家长进去检查。一般来说，肯定能在书柜顶部及底部、衣柜顶部及底部、床底、门后等卫生死角发现很多垃圾和灰土。

不过在检查卫生时，家长要故意每次只检查其中一个卫生死角，找出垃圾后就说不合格，让孩子重新返工。

如此反复，折腾六七次之后，孩子的耐性会经受严格的考验。实际上就是要通过反复地指出不足，来让孩子明白，要把一件事情做得完美无缺，就需要有精益求精的高标准和严要求。

当然，这类考验需要家长相互之间的配合，不能心软，不能妥协。在这类事情上必须严格要求，要让孩子明白在这种事情上是不能让父母降低要求的，这样才能打消他的依赖心理。

游戏：自制社会调查

在大人的监护下，让孩子做一份调查报告。

例如：做一份关于十字路口单位时间公交车流量的统计调查。让他拿着纸笔在附近的十字路口处，进行长达三个小时的观察和统计，记录路口单位时间内出现公交车的数量。

或者对社区周围老年人做一个《常见生活困难调查报告》。让孩子自己和社区不同的老人进行沟通，在沟通过程中肯定会出现各种小困难，这对孩子的耐心和沟通能力等都是一个不小的考验，这将是他走向独立自主的重要一步。

游戏：家庭手工艺品制作比赛

父母和孩子一起参与进来，同时制作一些折纸之类的手工艺品。比比看谁做得最好，再讨论一下那些做得不够好的地方该如何改进，大家一起交流经验，以求让自己的作品更加精致完美。

当勤劳和精益求精成为一种习惯时，您就会发现自己的孩子已经成长为一个做事认真、手脚麻利、爱动脑子、人见人爱的小大人了。

**Step2:别让孩子成为大懒虫**

# Step3:别把孩子养成大笨鸡

## Test:算算孩子运动频率

孩子不爱运动,小小年纪竟然都长出了"将军肚",至于"双下巴"更是再普遍不过了。

本应该是身姿矫健的小天使,却成了小胖墩儿。至于具体原因,一方面是由于父母溺爱营养过剩;另一方面,主要是由于孩子运动时间太少,过剩的营养无法消耗,自然转化为脂肪堆积起来。

为何会有这种情况发生?主要还是孩子的运动频率过低和运动时间过少造成的。

相信大部分孩子的情况基本都是类似的,那下面我们就来以课程表为基础,大致估算一下孩子每周的运动频率和运动时间。家长可以根据以下列表和事例内容,来对照一下自己孩子的运动频率。

从周一到周五的五天时间:
7点:起床。
8点—11点20分:到校上课,第一节课后做广播操。
午饭后自习。
12点40分:课间活动。
13点:上课。
15点10分:1—3年级学生放学。
16点10分:4—6年级学生放学。
17点30分:回到家中
18点整:吃晚饭
19点之后:做家庭作业、练琴等

有的孩子回家后除完成作业外,还需要完成学校布置的各项"课外阅读"任务。

相信上述表格中所列内容，应该是现在大部分孩子的一天作息时间。大多数学生除了一周仅有的3—4节体育课和少量的课间活动外，再也没有更多的时间做运动了。因为成绩好的学生家长大都给孩子报了"奥数班""英语班"，成绩不理想的学生家长则给孩子请来各种各样的家教。

至于说这五天之外的双休日，别逗了，那可是比上班还要累的，因为一到双休日五花八门的"兴趣班"、"特长班"又塞得满满的。

国家曾经发布过《关于加强青少年体育增强青少年体质的意见》，并召开电视电话会议，强调各中小学要确保学生每天锻炼1小时。其中，小学一二年级每周4课时，小学三至六年级和初中每周3课时，高中每周2课时；没有体育课的当天，学校必须在下午课后组织学生进行1小时集体体育锻炼并将其列入教学计划；高等学校要使每个学生每周至少参加3次课外体育锻炼，使"阳光、运动、健康"成为新的一种校园时尚。

话虽这样说，可到了现实生活中，家长们可有自己的想法。"现在竞争这么激烈，别人的孩子都报名了，我们的孩子也不能落在后面啊！"这是家长的普遍心态。

关于孩子课外时间的安排，有位老师就曾经感叹说，班上一共有39个学生，只有4个孩子课余时间没有报名参加任何培训，这4个孩子的家长都是外来务工人员。其他的孩子都参加了各种乐器、书法、绘画、舞蹈等艺术类项目的培训，只有一个孩子参加了乒乓球兴趣班，但是很辛苦，每天练完都10点半了，孩子在车上就会呼呼大睡。

面对这种情况，有的家长可能会说，我们的孩子也不是完全不运动，只要一有时间，还是会让孩子出去跑跑跳跳，打打球什么的。

这便又是另一个误区，要提高身体素质，就必须养成一个长期稳定的运动习惯。如果一个孩子三两天都不运动，偶尔有了空闲时间，抱着篮球就冲出去猛打一个小时，这绝对不叫好的运动习惯。

之所以讨论孩子的运动频率，就是想探讨您的孩子是否建立了系统的体育锻炼计划，以及能否保证每天都有适度的运动时间。

孩子该做哪些运动？针对上了学的孩子，我们推荐球类运动。

例如：乒乓球、羽毛球、网球、篮球，这类运动不仅能增加肺活量和肌体发育，还能预防眼睛近视。

因为在打球时，双眼必须紧紧盯着穿梭往来、忽远忽近、旋转多变的快速来球，使眼球内部不断运动，血液循环增强，眼神经机能提高，使眼睛疲劳消除或减轻，起到预防近视的作用。

其他有益孩子身心健康的运动，还有跳绳、舞蹈、慢跑、游泳等。这类运动最有助于孩子控制自己的体重，刺激身高发育。

## Why："宅"习惯养出"奥"少年

现在的孩子很多一到课余时间，都选择或者被迫"宅"在家里。各类名目繁多的学习班和辅导班确实让孩子的学习成绩和各项艺术造诣提高了不少，但却忽略了一些更重要的东西。

为了让孩子能够升入一个重点学校，不少家长给孩子报了奥数学习班，孩子确实也很争气，天天闷在屋子里算习题，最后奥数成绩很是长脸。但就这么宅在家里，就能让孩子在将来的社会竞争中脱颖而出吗？

戴着一副高度近视镜，走路弯腰驼背，四体不勤五谷不分，爬五层楼梯都得喘半天气缓不过劲儿来，这样的孩子真的就是未来的社会精英吗？

从1985年开始，中国进行了四次全国青少年体质健康调查。调查显示，最近二十年，中国青少年的体质在持续下降。

如果以首都北京市为例，那情况可能还要更糟。

2005年北京市学生体质健康调研表明，北京学生肺活量、速度、力量等体能素质持续下降，中学生血压偏高的比例超过一半，高中生超过了60%。学生肥胖率比5年前增长了50%，学生视力低下检出率为52%，其中初三学生接近70%。半数北京中学生血压偏高，四成六年级小学生近视。

在全国范围内，肥胖和近视的比率也不乐观。

最近一次的全国青少年体质健康调查报告表明，学生肥胖率在过去5年内迅速增加，四分之一的城市男生是"胖墩"。眼睛近视的比例，初中生接近60%，高中生为76%，大学生高达83%。

孩子身体素质下降，是因为运动机会少。为什么运动机会少呢？一是现代化的生活方式，上楼乘电梯，出门坐汽车，体力劳动减少；二是目前的应试教育过分注重升学率，导致学生学业负担过重，学习时间过长，缺少体育锻炼时间。

有的小学生，可能会在学校组织军训的时候，不得不进行体育锻炼。可咱们小学和中学，甚至大学的军训内容，无非是站军姿、叠被子、跑步等基本训练。就这，太阳稍微晒点儿就有孩子叫苦连天，搞得教官也不敢加大训练强度，生怕哪家的小皇帝或小公主吃不消。

在军训时为孩子吃苦而揪心的中国家长们，还是先来看看人家韩国小学生是如何军训的吧。

韩国小学生军训分两次，一次是在夏天，一次是在冬天。

夏天时，这些乳臭未干的小孩子们会被统一组织好带到韩国海滩上。由韩国军队中的海军陆战队员担任孩子的教官，所有孩子都会被一视同仁，接受同等强度的训练。

在海滩上的泥泞地里，这些小孩子们都穿着大号的军服，在泥水里摸爬滚打。按照教官的要求，做出高难度的动作。他们还要学会在泥水地里匍匐前进，或者跪着前进，每个孩子的脸上身上都被泥巴弄得一团糟。这还不算完，教官会用水枪向他们头上冲去。这些孩子中，十有八九都在仰天大哭，也有叫妈妈的，但是他们的家长不可能过来插手。在严厉的教官面前，这些孩子唯一能做的就是忍痛把该做的科目做完。

冬季下雪的时候，这些韩国小学生又会被组织起来，带到位于首尔西南方向40公里的一处新兵训练营内进行雪天冬训，以提高学生的耐寒能力和意志力，包括用雪擦身、雪地战术、雪地体能训练等科目。

训练开始后，所有男孩子都必须赤裸上身，完全将上半身裸露在冬季的寒风中，连背心之类都不能穿。下半身倒是穿了一条薄薄的迷彩裤，这只是第一步。脱完衣服后的孩子们必须按照教官的要求仰面躺在雪地里，你可以哭爹喊娘，可以号啕大哭，但是必须同时完成教官规定的动作，随后这些小学生被要求赤裸上身趴在雪里，然后跪着，抓起雪来在自己的胳膊和前胸上摩擦。

以上这些训练科目，在很多国家，是只有正规军队才会进行的。但在韩国，小学生也需要照做不误。

在日本的冬天，无论天气多冷，无论是学校还是家长，都会鼓励自己的小孩子只穿短裤去上学。如果这个习惯能坚持一冬天，就会受到表扬。日本人之所以敢这么做，是因为他们对自己孩子的身体素质有足够信心，而这个信心源自于日本小学生运动的普及。

相比之下，咱们的父母也该思考一下：人家的孩子都不是妈妈身上掉下的一块肉吗？人家的父母都不心疼自己的孩子吗？

## 孩子爱运动更容易集中精力

为什么打开窗户后，新鲜的空气让我们感到神清气爽，精神振奋？为什么上课时间长之后就容易打瞌睡犯困，难以集中精力？

孩子的学习，是一项典型的用脑活动。学习需要大脑提供帮助，但大脑的工作是需要养分的，有了足够的养分，大脑才能高效率地工作，进而让孩子集中精力，学到更多东西。

那么如何才能让大脑效率更高呢？最有效的解决方案之一，就是运动。

美国一项最新研究指出，儿童定期运动或许就能提高学习能力。

研究人员把7岁至11岁之间的170多名儿童随机分为3组，让第一组儿童每天运动20分钟，第二组每天运动40分钟，第三组则不做任何运动。之后，研究人员让所

有儿童进行测试。结果发现，定期运动的儿童，其大脑中负责自控能力、思考能力和推理能力的区域的活力有所增加。而且，运动时间越长，儿童在标准化测试中的得分就越高。

因此研究人员建议，儿童一定要养成定期运动的好习惯，这样不仅有利于身体健康，还有助于提高学习能力。

让我们来了解一下人体的CPU——大脑，是如何工作的吧。

大脑由约140亿个细胞构成，重约1 400克，大脑皮层厚度约为2~3毫米，总面积约为2 200平方厘米，据估计脑细胞每天要死亡约10万个（越不用脑，脑细胞死亡越多）。一个人的脑储存信息的容量相当于1万个藏书为1 000万册的图书馆，人脑中的主要成分是水，占80%。它虽只占人体体重的2%，但耗氧量达全身耗氧量的25%，血流量占心脏输出血量的15%，一天内流经大脑的血液为2 000升。

运动是如何来帮助大脑提高工作效率的呢？

大脑工作时所需的氧气，是靠血液通过流通循环，从而运送到脑部的。

而人在运动时，血液在全身循环的速度大大加快，一般安静时每分钟周流全身4~5次，运动时可加快到周流全身7次，在1分钟内流回心脏的血量增加，从心脏输出的血液量当然就多了。运动虽然增加了心脏的负担，但这却能够使心脏的机能更加强大，流经供应心脏本身需要的冠状动脉血流量大大增加，心肌本身也得到更多的养料和氧气的供应，心肌就在这"多劳多得"中不断增强。

其他有益于大脑的运动

游泳

游泳能促进脑细胞的发育。水对外周血管的按摩和刺激能够提高我们神经系统对外界的反应能力，促进右脑的开发和使用。

在游泳时，为了保持身体的平衡，大脑的工作量会大幅提高，因而得到了很好的锻炼。

乒乓球

乒乓球运动要求大脑快速紧张地思考，促进大脑的血液循环，供给大脑充分的能量，具有很好的健脑功能。

运动会影响学习成绩吗

答案是否定的，现在学校里也不乏这样的尖子生，学习成绩前三，眼睛近视超四百，走路驼背，步伐轻飘，一口气上五楼还要喘气半天，天气稍微变化就要感冒头疼。您真的希望自己的孩子是这个样子吗？

曾经有一个踢足球的孩子的家长说："当初孩子坚持要踢足球，我们挺担心他会落下学习成绩。谁知，这段时间下来，孩子不仅增强了体质，还学会了团结协作与吃苦耐劳，学习成绩也大大地提高了。"

学习是一个讲求效率的事情，简单地说，孩子能够在单位时间内保持集中精力的时间越长，学习效率也就越高。但大脑也是会疲劳的，它需要更多养分和氧气。所以说，当孩子学习一段时间之后，就很有必要出去锻炼一会儿。室外空气中所含的氧气，能够让孩子肺部的浊气得以更新，大量氧气的吸入，能够让孩子心身为之一振，大脑也会随之感到神清气爽，这样，孩子在接下来的学习中才能集中精力，事半功倍。

知道了运动的好处之后，下一步要做的事情，就是想办法让不爱运动的小懒鬼从室内走出去，参与到各类体育运动中。运动不但能让孩子更好地控制精力，还能给孩子带来一个好身板。

## 培养孩子的运动兴趣

有些孩子不爱运动，倒不完全是因为懒，而是因为对运动实在提不起兴趣。
兴趣是培养出来的，关键看采取哪些有助于帮助孩子建立运动兴趣的措施。

措施一：引导孩子接触

引导孩子观看体育比赛，这个措施可以根据具体情况而定。可以去现场观

看，也可以在电视上看直播。在看别人比赛的时候，有意无意地培养孩子的观看水平，告诉他体育比赛的看点有哪些，什么地方最有意思。当然不能在熬夜或者耽误学习的情况下看。

然后引导他建立自己的偶像崇拜，主要是对那些体育明星或知名俱乐部的崇拜。当然，要注意让孩子只崇拜那些形象健康，无绯闻，无不良嗜好的体育明星。千万不能让孩子受到"糟粕"的影响。

在美国，某基金会曾经就"娱乐明星与体育明星相比，哪一个在美国中学生中影响更大"这个问题，展开了广泛的问卷调查。一项对10—17岁的美国青少年和他们父母的调查报告显示，73%的青少年认为，体育明星是对自己最有影响力的社会角色，仅次于父母（比例为92%），稍高于老师（72%）和朋友（67%）。这一结果与中国孩子形成了有趣的对比。

而在中国，零点调查公司对14—19岁的中学生进行的一次调查显示，对中国城市青少年最有影响力的角色依次为朋友、父母、老师和演艺界明星，外国体育明星有一定影响力，而本国体育明星的影响力则很小。

不过，在很多国家的父母看来，让孩子崇拜体育明星，当然要比崇拜娱乐圈的那些歌星要好得多。在其他国家，家长们也都比较认可自己的孩子崇拜体育明星。

孩子一旦有了自己所喜爱看的运动项目，所喜爱的俱乐部或体育明星，自然就会对运动本身产生兴趣，就会有亲身参与的积极性。

措施二：全家总动员

一般的家庭里，每个家庭成员都会有自己所喜爱的运动。例如，奶奶爱扭秧歌和跳健身舞，爷爷爱打太极拳，爸爸爱踢足球或打篮球，妈妈则爱游泳或羽毛球。这就要注意了，家庭成员不能光顾着自己玩儿，还要带着孩子一起玩儿。可以选择一项参与性很强，但难度较低的运动，来让全家共同参与，或者父母和孩子一起参与。

这样不仅能消除亲子隔阂，而且能营造出一个其乐融融的家庭氛围。

措施三：举办小型比赛

家长可以和所在社区居委会进行商议，在社区内举办同龄孩子之间的小型比赛。可以以楼号为单位，分组进行比赛。初期可以选择对抗性较低的运动项目，这样比较安全，例如社区小朋友乒乓球联赛、网球联赛、羽毛球联赛、游泳比赛等。

这种小型比赛，不但能培养孩子对运动的兴趣，还能增进孩子们之间的相互了解，提高孩子的社交能力。

其他注意事项

运动也是要讲究适时适量的，如果掌握不好，则有可能起到反作用。家长作为孩子的监护人，要为孩子制定一套量身定制的运动方案。

据研究，最好在饭后两小时再进行高强度运动；中度运动应该安排在饭后一小时进行；轻度运动则在饭后半小时进行最合理。有几个时间段是比较适宜运动的：

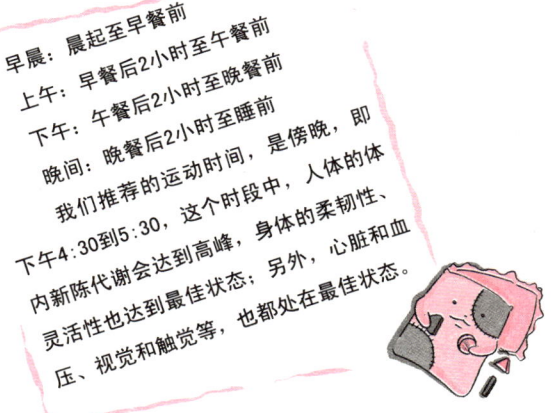

早晨：晨起至早餐前
上午：早餐后2小时至午餐前
下午：午餐后2小时至晚餐前
晚间：晚餐后2小时至睡前

我们推荐的运动时间，是傍晚，即下午4:30到5:30，这个时段中，人体的体内新陈代谢会达到高峰，身体的柔韧性、灵活性也达到最佳状态；另外，心脏和血压、视觉和触觉等，也都处在最佳状态。

运动时要替孩子把握好强度，最好不要让孩子满头大汗之后才停止，否则，有可能会导致脱水。一般来说，微微冒细汗是比较合适的强度。时间也不宜太久，以三十到四十分钟为宜。过度则有可能导致疲劳。

目前公认的比较忌讳的运动时段是晚间。晚上高强度的运动会使交感神经兴奋，这有可能会给孩子带来失眠的痛苦。

另外，运动期间或运动后，还要注意及时补充水分，可以适量饮用淡盐水，饮温牛奶亦可。

## 混搭运动，让孩子受益良多

**3—4岁：角色感的游戏帮孩子锻炼平衡感和协调能力**

● 小司机：用废旧的圆形衣服架子，用孩子喜欢的、色彩鲜艳的布紧紧缠住塑料部分，一个实用、好玩的方向盘就做好了（也可以使用闲置的方向盘套）。孩子可以拿着方向盘四处跑，假装带着全家开车去旅行，中途还可以制造一些小"故事"。

● 跳水坑：在户外的空地上用粉笔画很多格子，把某些格子作特殊标记后当作"水坑"，用不同的规则，比如单脚或者双脚，或者单双脚交替跳过水坑，到达目的地。

**4—6岁：准确性和控制力的训练是重点**

● 跨栏：废旧的饮料盒、牛奶盒，四个横放连接在一起算一组，拉开距离排列四五组，孩子就可以"跨栏"了，还可以多创造一些花样，比如双脚跨、单脚跨。还可以再增加难度，将更多的障碍物叠加在一起，孩子进行助跑、跨跳练习。

● 拍球比赛：可以有很多花样，比如比比谁在1分钟内拍的次数多，或者不规定时间，看看谁能拍的时间更长。也可以设置一个起点，来一个运球比赛，看看谁拍得又快又好。或者干脆来一个撞击大赛，拍的时候互相撞击，看谁的球更厉害。

# Step4:别忽略孩子的生活能力

## Test:你的孩子独立生活了吗?

以下是某机构对于儿童独立能力评比的测试表,您可以试着对比一下,看看自己的孩子能不能算得上是具有独立生活能力。

1. 请分别说出最近大葱、白菜、大蒜、生姜的市场价格为每千克多少元?
2. 洗衣机该如何使用?
3. 你会自己穿鞋带吗?
4. 你最拿手的是哪一道炒菜(西红柿炒鸡蛋除外)?
5. 你会用电饭锅蒸米饭吗?
6. 你会拆洗和替换新被罩吗?
7. 如果突然停电了,你能否在第一时间找出手电筒或蜡烛的位置?
8. 家里的创可贴放在什么地方?
9. 如何清洗马桶?
10. 你会叠被子吗?
11. 碗筷该如何摆放?
12. 电费或燃气费用完后,应该去哪里交?
13. 烫伤的基本处理方法是什么?
14. 菜刀割伤手之后该怎么办?
15. 路上有陌生人送你糖果时该怎么办?
16. 离家最近的派出所该怎么走?
17. 说出自己的家庭住址和门牌号?
18. 离家最近的菜市场在哪里?
19. 妈妈突然肚子疼得站不起来,你该怎么办?

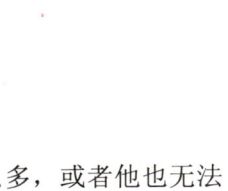

教会孩子吃**苦** 就是给孩子 **幸福**

不知道上述这些问题中,您的孩子能够答对多少个。

可能我们的父母总是在想,孩子还太小,不需要知道那么多,或者他也无法记住这么多事。有意思的是,我们总是反复在说,孩子还太小,不着急。可孩子哪一天才算长大,才算到了该掌握上述能力的年龄,难道是18周岁吗?

这是一个笔者听友人提起过的真实故事。

她和丈夫都是需要经常出差的商务人士,两人收入可观,家境殷实。只有一个10岁的女儿,所以对她百般宠爱。平常的家务活根本就没让女儿动过手,都是妈妈一手包办。至于说做饭买菜,那就更不会让女儿动手了。

有一次她和老公都出差在外,将近20多天都没有回过家。由于刚好赶上暑假,所以女儿就这样一个人在家待着。

当她回到家里,掏出钥匙拧开房门的一刹那,被眼前的景象惊呆了。屋里面从客厅到卧室,再到书房,地上铺着满满一地的快餐盒,根本没处下脚。从品牌上看,都是附近的那几家快餐店的。不用问都知道,在近一个月的时间里,女儿从未做过一顿饭,炒过一次菜。全都是通过打电话订餐,让快餐店把饭送过来的。在卧室里,看到了正在沉浸于网络的女儿。

从此之后,这位母亲果断把单位的工作辞掉,专心在家教育女儿。从洗衣服做饭开始教,她下决心要培养女儿的独立生活能力,否则她不敢想自己的女儿长大后能成什么样子。

生活中,这样的例子还少吗?很多孩子都是如此。

他们可以熟练地从衣柜里拿出来干净的衣服换上,然后把脏衣服随手扔到卫生间的角落里,却从未知道该如何洗衣服,甚至不知道洗衣机该如何用;

他们可以熟练地从消毒柜里拿出干净的碗筷,然后把用过的碗筷直接扔进洗碗池,却从未知道该如何刷碗,更别说会不会用洗洁净了;

他们可以坐在那里,高声向妈妈索要干净的鞋子和袜子,还有整洁如新的衣裤,却从未知道这些干净的鞋袜是从何而来的;

他们可以坐在餐桌旁,面对一桌子色香味俱全的美食狼吞虎咽,吃完后一抹嘴就又重新向电视或电脑飞奔过去,却从未瞥一眼母亲在烟熏火燎的厨房中操劳的身影。

翻开孩子卧室的抽屉，可曾还能看到有任何一个玩偶是肢体完整的，可曾看到有任何一个玩具车没有掉轮子的。另外孩子的床底下，至少能清理出两簸箕的垃圾。再看看刚刚放学回来的孩子吧，帽子歪着戴，红领巾总是不会系，领口的扣子永远扣不对。衣服虽然是刚换的，但上面已经有了饭渍。鞋带开了，但没有系上。书包里弄得像个废纸包，里面的书本胡乱放。

自从有了孩子之后，不知有多少夫妻的个人生活和业余爱好全部被打乱。所有的事情都是围着孩子转，一个人出去钓鱼，一个人出去远足或爬山，这显然都是不可能的。因为这些父母都认为，孩子还太小，生活还不能自理，所以离不开大人。

## Why:父母管太多，孩子变生活"白痴"

为什么咱们的小孩子在学习上都不算差，可在生活能力上，却变成了个"小白痴"呢？不怪天不怪地，就怪父母管得太宽了。让我们详细列举一下，现在的孩子，每一天到底有多少事情都是由父母包办了的。

1. 早上的时候，不用担心睡过了头，因为老妈会准时把我叫醒。
2. 醒来后我不需要担心没有新袜子穿，因为妈妈已经把干净袜子和鞋子都摆放在了我床边。
3. 被子不用叠，床不用铺，这跟我压根儿没关系！
4. 牙膏永远都是已经挤好的，我拿起来用就行了。
5. 打着哈欠走向餐桌，妈妈已经准备了美味的早餐。
6. 吃完饭后我就该出门了，不用担心，妈妈已经把书包和其他一切需要带的东西都准备好了。
7. 妈妈送我上公交车，我掏出了公交卡刷一下，"嘀"，我很奇怪，为什么卡里面永远都有钱呢？
8. 晚上到家后，我把脏衣服照惯例扔到卫生间墙角，因为有人给我洗。
9. 晚饭后，我直接去继续看我喜爱的卡通片，刷碗的事情从不用我插手。
10. 到了该睡觉的时候了，妈妈会把洗脚水端到我床边，泡脚的感觉真舒服啊。

对此，父母也有自己的看法。

一方面，他们是不放心孩子自己动手。

他们认为自己插手和包办孩子的事情，一切都是为了孩子好，为了避免可能出现的问题。

我敢不叫他起床吗？闹钟对他来说根本没有用，我要把他送到学校之后才能往单位赶，要是任由他磨磨蹭蹭，我迟到了要罚款的。

让他自己洗袜子？还是算了吧。他知道该放多少洗衣粉吗？他知道袜子该涮几遍吗？另外，洗完之后他知道该把袜子搭到哪里吗？

至于说叠被子，只要他能够每天不用我叫就按时起床，我就已经烧高香了，叠被子就省了吧，否则他还能再磨蹭半天。

另一方面，他们是出于"爱"。

怀胎十月，好不容易诞下这根独苗苗。只求他能够开开心心，健健康康的，再把学习成绩搞上去，我和他爸爸就已经很满足了。这些琐碎的家务事，本来都是大人该做的，小孩子不需要做，再说将来也用不着。

某教育专家在谈及中国家庭父母包办式的教育方法时，提及了自己当年在火车上遇到过的一个真事。

火车行驶途中，这位专家和对面的一位中年妇女聊得比较投机，谈话中问及对方前往北京所为何事，这位妇女用很平常的口气回答道："哦，我这次去北京，是为了给我上大学的儿子洗脏衣服。"

看到对方惊讶的表情，她继续解释说："我儿子从小到大就是个乖孩子，学习也很好，成绩上从来不用我操心。从上幼儿园到现在上大学，我都没有让他做过家务。现在每过十天左右，我就会坐火车到北京去给他洗脏衣服。为他做这些事，我不觉得有什么不好，只要他还没结婚，我就拿他当小孩子看。"

这位教育专家听完后，彻底无话可说。

确实，咱们的父母可以因为各种理由来包办孩子的所有事情。问题在于，咱们能够管到什么时候？难道我们真的就只需要关注孩子的学习成绩，其他一概不重要吗？成绩好，就可以搞定未来的一切困难吗？

中国古代汉朝时，有一个叫陈蕃的人。因为他祖上是河东太守，也算是世代官宦，所以陈蕃自小就比较高傲，以胸怀天下为己任，所以对一般的小事儿都看不在眼里。

在陈蕃十五岁的时候，还是独自住在一个十分杂乱的小庭院里。有一次他父亲的好友薛勤前来登门造访，薛勤看到杂乱的院子，便对陈蕃说："你这个小伙子，怎么也不知道把家里打扫一下来迎接客人呀。"陈蕃不以为然地说："大丈夫处理事情，应当以扫除天下的坏事为己任。怎么能在意一间房子呢？"薛勤很惊讶，认为他有让世道澄清的志向，与众不同。不过随即又问了一个问题："一屋不扫，何以扫天下？"这句话噎得陈蕃当场哑口无言。

一个人有大志也好，胸怀天下也好，都要踏踏实实地从小事做起。任何人都不是一毕业就能成为有助理照顾的科学家，相信咱们国家早年的那些留学前辈们，都不是带着保姆出国的，当年刷盘子打工的独立生活经验，恰恰造就了他们的自主创造力。

## 别小看孩子的动手能力

孩子的动手能力是不容忽视和小瞧的，因为和成年人相比，他们具备很多特有的优势。

孩子们普遍拥有很强的动手能力，因为他们有很强的模仿能力、记忆能力。这些能力在他们还是很小的时候，就已经显现出来。

### 模仿能力

具备动手能力的前提是必须先会模仿，儿童的模仿能力是惊人的。在大人们毫无察觉的情况下，小孩子就已经悄悄把一切都看在眼里，记在心上。甚至在孩

子刚刚出生8小时后,就会模仿母亲吐舌头。他们还能模仿大人们鼓掌,挥手等动作。

记忆能力

儿童独特的思考方式,使得他们能够拥有成人难以望其项背的超强记忆力。他们会记住自己所看到的任何动作、声音、画面等。

下面是一段来自美国的真实新闻报道。

美国俄勒冈州基泽地区,一个普通的父亲正在家中忙活木工活。可能是由于疏忽,不慎被工具划开手臂上的动脉,顿时血流如注。幸运的是,这位父亲被割开手臂动脉瞬间所发出的惨叫声,被他三岁的儿子海耶斯看到。这个小屁孩儿竟然没有被父亲倒在血泊中的景象所吓倒,而是立即拨打了美国急救电话"911"。

以下是911接线中心当时的电话录音:

911女接线员:"您好,这里是911。"

海耶斯(带着哭腔):"爸爸需要帮助!"

海耶斯的父亲发出求救声:"Help!(救命)"

911女接线员:"先生,您需要救护车吗?"

海耶斯:"快点儿……他受伤了,你们必须过来!"

海耶斯:"他真的需要帮助。"

911女接线员:"好的。"

他在电话中说,"快点!爸爸需要帮助!"随即挂断电话。"911"的接线员意识到事态严重,立刻回拨电话询问是需要警车还是救护车,海耶斯回答"好的"。在电话中,"911"接线人员还隐约听到海耶斯的父亲因疼痛而大吼的声音。

救护车很快赶到现场,发现小男孩的父亲脸色苍白,地上流了一大摊血,他靠着橱柜,几乎已经失去意识。医护人员随即将他迅速送往医院,经包扎治疗,小海耶斯的父亲已经出院。

这个年仅3岁的小孩儿海耶斯,何以能处变不惊,还能及时拨打求救电话呢?

在电视台随后对他们父子二人的采访中,人们找到了答案。

Step4:别忽略孩子的生活能力

38

原来，海耶斯的叔叔和祖父都是消防人员，他的父母很早教给了他"911"这个电话号码，以及如何拨打它。所以，在父亲发生危险的时候，海耶斯才能临危不乱。

面对电视镜头，这个可爱的小家伙仍然是一副小大人的模样，他自豪地说："我就是那样拿起了电话……我很勇敢。"、"我叫来了救护车"、"我不害怕，因为我很勇敢。"

后经911接线员证实，在电话中，他们还听到了小男孩不断安慰父亲，希望他保持镇定，告诉他一切都会好的。

海耶斯的父亲则感动地说，要不是自己儿子及时打电话求救，他"可能就没命了"。

咱们大人们经常说小孩子最是调皮捣蛋，爱闯祸，总是做错事。其实如果仔细分析一下，就会发现很多小孩子往往都是好心办坏事，他们有很强的动手能力，这也让他们过于自信，可总会因为经验不足而把事情搞砸。

很多时候，咱们的家长会因为小孩子某一次动手行动的失败，而对其进行指责，并勒令其以后禁止再做同类事情。当一次鼓起勇气的尝试被父母给制止后，孩子就会从此停止尝试，因为他很清楚这样不会得到赞许，反而会得到批评。

这种做法对孩子的将来并非是件好事，因为总有一天孩子要长大，要成人，要成为一名有社会属性的人，到时候他就必须要生存在社会这样一个大群体中，而不是继续处在父母羽翼的呵护之下。如果此时的他还未掌握足够的动手能力，那势必会缺少基本的生存技能。父母小看孩子的动手能力，还容易使其滋生更多的抱怨情绪，当事情搞砸时，他们会认为这是父母的错误。

## 父母不当仆人，让孩子自己来

### 放手让孩子自己做

要让孩子知道，自己长大了，即将成为一个小学生了，生活、学习不能完全依靠父母和教师，要慢慢地学会生存、生活、学习和劳动，能自己的事自己做，遇

到问题和困难自己要想办法解决。

要培养孩子的自我教育能力，在学习生活中，最好学会进行自我观察、自我体验、自我监督、自我批评、自我评价和自我控制等，培养孩子的时间观念，让他们懂得什么时候应该做什么事并一定做好；什么时候不该做什么事并控制自己的愿望和行为。

然而，在现实生活中，仍然有很多父母在家庭生活中担任着"仆人"的角色。父母身上仆人的这个称号，一戴就是几十年，孩子小的时候服务孩子，孩子大了之后服务孙子。等孩子到了国外，也是要跟过去继续服侍的。据国内一位知名作家在美国的遭遇来看，事实的确如此。

这位作家在美国遇到了三个中国老年人，他们的子女都在美国长年居住。这三位老人来美国的目的，不是旅游观光，也不是颐养天年，而是来伺候下一代小主子的。

一位老太带了四个多月，"该回家了"，女儿又为她签证"延长半年"；一位老太领孩子快两周岁了，女儿"又怀孕了"，"还得接着伺候下一个"；一位老太年过七十，"带的孩子"十岁，女儿对她说"您回国以后就不用再来了"。

老人纷纷向这位作家诉苦："你说我来这里算什么？算主人，主人是女儿女婿；算客人，客人还得整天干活儿；算仆人，又不发工资……"

造成上述局面的主因，其实都在父母自己身上。如果上述父母从小就懂得放手，着重培养孩子的动手能力和独立自主的生活能力，相信也不会出现今天这个局面。

但如果在孩子还很小的时候，就完全放手，许多父母肯定不放心，那么我们不妨把事情分为两个步骤来做。

在放手让孩子自己做之前，我们的父母要先让孩子学会如何避免和远离危险，或者说，远离不安全因素。

以下表中内容仅供参考，各位家长可根据实际情况酌情增删。

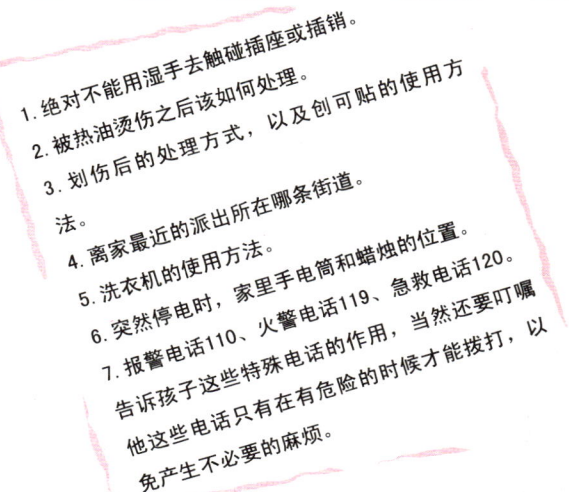

1. 绝对不能用湿手去触碰插座或插销。
2. 被热油烫伤之后该如何处理。
3. 划伤后的处理方式，以及创可贴的使用方法。
4. 离家最近的派出所在哪条街道。
5. 洗衣机的使用方法。
6. 突然停电时，家里手电筒和蜡烛的位置。
7. 报警电话110、火警电话119、急救电话120。告诉孩子这些特殊电话的作用，当然还要叮嘱他这些电话只有在有危险的时候才能拨打，以免产生不必要的麻烦。

另外，在放手让孩子自己做之前，教会他一些基本生活技能。但原则上，只能教一次。您在教之前，要先声明这一点。

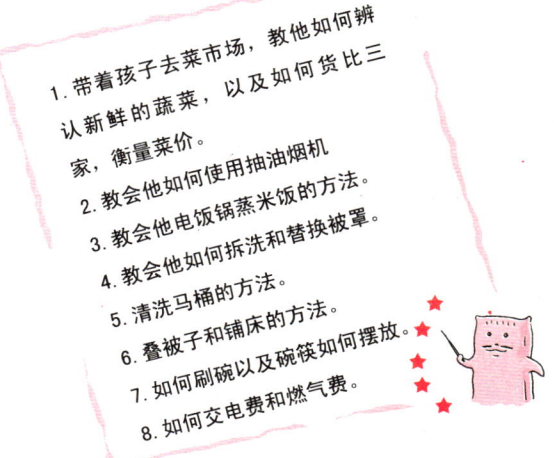

1. 带着孩子去菜市场，教他如何辨认新鲜的蔬菜，以及如何货比三家，衡量菜价。
2. 教会他如何使用抽油烟机。
3. 教会他电饭锅蒸米饭的方法。
4. 教会他如何拆洗和替换被罩。
5. 清洗马桶的方法。
6. 叠被子和铺床的方法。
7. 如何刷碗以及碗筷如何摆放。
8. 如何交电费和燃气费。

需要注意的是，很多孩子为什么老是记不住事儿，这是因为他知道，父母总会反复教他。所以父母要订立一些惩罚措施，来帮助孩子祛除依赖心理。

当然，孩子在自己初次做家务的时候，尤其是那些存在可能的潜在危险的家务时，父母最好在旁边监督，但不要轻易插手。

当您把所有避免出问题的技巧和知识教给孩子之后，就可以考虑适当放手让他自己去做事了。

**由少至多、由简入难**

在教孩子各类生活基本技能时，切忌一股脑儿塞给他，否则肯定会出现贪多嚼不烂的局面。父母要循序渐进，一样一样来。不要求一下子掌握太多，但要坚决做到学一样就能切实会一样。

另外，在以上方法的实际操作过程中，家长一定要坚持原则，表明立场，可一定不能让孩子再对父母产生依赖感。很多孩子在对眼前的家务束手无策时，都会用发嗲或装哭的方式，将父母召唤到身边来，替他们解决手头的问题。如果总是这样的话，那孩子就永远无法真正独立了。

**Step4：别忽略孩子的生活能力**

# Step5:别阻止孩子接触大自然

## Test:孩子徒步去过的最远的地方

为什么我们的孩子,最怕的就是写作文。为什么我们的孩子写出来的作文和日记,都是千篇一律,甚至已经形成了基本的格式。原因很简单,阅历单调,没去过那么多地方,肚里没东西,自然写不出来。

以下是一份对某市小学生课外生活内容的调查,在关于"你徒步去过的最远的地方"这个问题的调查中,孩子们给出了不同的答案。

1.市区的××公园(占60%);
2.外婆家(占20%);
3.二叔、大伯家(占10%);
4.记不起来了(占10%)。

在妈妈的格言里,孩子必须永远都要在我的视线之内,要在我一伸手就能够得着的地方。再说了,我和他爸爸都这么忙,哪有时间陪孩子出去徒步旅行,接触大自然。

没时间,没机会,这都是父母的常见理由。当好不容易到周末的时候,父母都会遇上加班,或者出差的情况。

有不少父母对此有自己的想法,我不想带孩子出去接触大自然吗,可还有那么多事情要处理。现在牺牲陪孩子玩的时间在事业上,不就是为了多赚点儿钱,好让全家将来过得好点吗。

这里有一个寓言故事,大家不妨共同欣赏一下。

一位顶级富豪,度假时来到一个风景胜地,看到一个中年男子蹲在那里摆摊卖草帽,草帽很精致,都是自己现编现卖的。

不过中年男子似乎并不在意买卖好坏与否,只是在那里以很慢的速度编织草帽,之所以慢,是因为他一边织一边和自己看起来也就五岁左右的儿子玩耍大脑。

富豪站在地摊前拿起一顶草帽,审视了半天,然后把帽子放下来开口说道:

教会孩子吃**苦**就是给孩子**幸福**

"这位先生,您的草帽非常精致,但是您这样的经营方式,我实在是不敢恭维。如果不介意,不妨听听我的建议。"这位中年男子也表现出有兴趣的样子,示意富豪继续说下去。

富豪:"您应该攒钱买一台机器,这样就可以自动化,流水线的生产大量精致的草帽。"

摊主:"为什么要这样呢?"

富豪:"当然是为了赚更多钱啊,产量上去了,钱就会多了。"

摊主:"然后呢?"

富豪:"然后就扩大生产规模,建分厂。"

摊主:"再然后呢?"

富豪:"然后你就有实力了,那就可以融资上市了。"

摊主:"上市之后呢?"

富豪:"上市之后你的身价会暴涨,到那个时候你已经是资产数十亿美金的富豪了。"

摊主:"那做了富豪之后呢?"

富豪:"到时候你就可以当甩手掌柜,不用直接参与管理公司了,只需要像我这样天天旅游,天天带着孩子玩耍,享受天伦之乐了。"

摊主:"那我现在和我孩子在干什么呢?"

富豪:"你……这个……?"

孩子从不出远门,就无法解释大自然,同时还少了个亲自互动的好机会。老是把孩子闷在家里,实在是对他的成长没有多少好处。让人担忧的是,现在的孩子也喜欢"宅"在家里。

有关机构在调查中发现,寒假近六成的学生喜欢待在家里玩,上网、看电视的时间多于运动,成了名副其实的"宅宝宝"。

而家长们在一起交流起孩子寒假生活的时候,也大多摇头叹息。

一位母亲说，她10岁的儿子寒假只想在家上网玩游戏，连门都不想出，父母要用半强迫的方式才能把他带出门；而她同事的女儿8岁，整天只想闷在家里看电视、吃零食。这位母亲感慨到，小时候贪玩，父母的惩罚就是不让出去玩，而现在想带孩子出去玩，但是却好像在惩罚他们似的。

女儿还在上幼儿园的一位家长也抱怨说，自己最怕的事情就是孩子放假。

在幼儿园的时候，女儿还能和小朋友一起玩，最起码每天还有老师带着进行户外活动，可一回到家里，和小朋友的互动少了，户外活动也少了，在家就是看电视、看动画片，而自己又工作繁忙，看着越变越"宅"的宝贝也只有一声叹息。

这个问题似乎成了很矛盾的两极化状态，刚开始的时候是孩子想出远门了解大自然，可父母总是没时间。到了后来孩子干脆放弃出远门的打算，改为喜欢宅在家里，可父母又反过来对此表示担心。

但归根到底，父母还是应该带孩子经常出去徒步游玩的，这样做要比让孩子宅在家里好得多。

## Why："小心！"，成为阻挡孩子与自然的屏障

家长的于谨慎和小心，一方面当然是为了孩子的安全着想，但另一方面也很有可能导致"因噎废食"的尴尬局面。

无论是春游踏青，还是郊游玩耍，在家长听来都是如临大敌。因为在他们看来，危险处处都有，多么谨慎都不为过。正是这无数个"小心！"，成了阻挡孩子和自然的屏障。

### 蘑菇野菜全有毒

"到外面玩耍可得小心，这不，报纸上又说了，哪个地方的小孩因为偷偷采摘食用有毒蘑菇，中毒住院，才10岁。啧啧！"

"野菜野果之类的也有很多都是有毒的，万一孩子不小心吃了可怎么好。"

#### 马路司机都喝酒

"呐呐呐,这电视又报道了,哪里的小学生春游,路上被一个酒后驾车的司机开的卡车撞倒,一下子撞伤好几个呢?"

"现在的马路上,真正小心开车的才有几个?我孩子出去多不安全啊!"

#### 虫子毒蛇也危险

"野外的草丛树林中,说不定有好多虫子都有毒呢,毒蛇出现也是有可能的。"

父母因为担心这些潜在的危险,而拒绝孩子出去接触大自然,甚至还采用恐吓式的教育方式,让孩子很早就对大自然产生莫名的恐惧。

的确,这些危险固然是可能存在的,但我们如果换个角度想,这是否是因为家长不愿意费工夫去传授孩子如何避免危险而采取的消极对策呢?

如果担心孩子在野外误食毒蘑菇,不妨教给他如何辨识毒蘑菇,或者帮助他建立野外春游时绝对不碰野蘑菇的安全意识。

如果担心孩子在春游时有交通安全隐患,那么不妨教给孩子如何安全过马路,以及向交警叔叔求援的方法。

现在的小学生,一年中有很多个长假。而家长因为家长要上班,又不放心让孩子独自出门,所以不少小学生在放假后只能整天待在家里。闷在家里的孩子无事可干,只好选择看电视或上网来打发时间。

事实上有教育专家对此表示,孩子假期如果整天窝在家里弊大于利,由于现在的孩子大多数都是独生子女,普遍缺少同伴间交流的机会和能力,而共同学习、玩耍能让孩子学会如何与同龄人相处。

## 大自然里有着孩子学不完的知识

两岸绿叶谁裁出,二月春风似剪刀。
……

Step5:别阻止孩子接触大自然

46

清明时节雨纷纷，路上行人欲断魂。
借问酒家何处有，牧童遥指杏花村。
……

诗里有美景，可如果不让孩子去大自然亲身体验，那么他们就不可能知道诗里面所描写的那些事物和景象。

您的孩子或许可以轻易地把鲁迅先生的《从百草园到三味书屋》倒背如流，但可能从来未感受过其中关于自然界虫鸣、鸟叫等场景。想想就知道了，鲁迅先生之所以能成为一代文坛巨擘，能写出那么多脍炙人口的文章，不都是和他童年时和大自然的亲密接触有关系吗！

学习，不仅仅是对课文逐字逐句的复述；成长，不仅仅是坐在教室里迎接一场接一场的考试。很多父母都忽略了孩子应该去的另一个课堂，大自然。与其让他坐在那里摇头晃脑装模作样地吟诵"子在川上曰，逝者如斯夫、不舍昼夜"，不如把他带到黄河壶口瀑布，让他感受一下大自然真正的瑰丽壮阔，感受什么叫真正的"逝者如斯，不舍昼夜"。

大自然里有水、空气、山脉、河流、微生物、植物、动物、地球，等等，大自然能看到植物的发芽、生长、开花、结果、凋谢等过程，大自然里还能看到辛勤的蜜蜂、翱翔的飞鸟、畅游的鱼儿、筑巢的燕雀、奔跑的野兔、跳跃的松树还有那潺潺流过的溪流。

总之，在大自然里，一花一叶、一草一木，举目望去皆知识，细细探究皆学问。

在大自然中，孩子还能获得与平时完全不同的人生体验和感悟。

毕竟，钢铁森林里体会不到田间老农"汗滴禾下土"的辛苦；课本上的字里行间，也闻不到花朵青草的醉人芬芳。

只要带着孩子走进大自然，您就会发现他们的眼睛会无时无刻地贪婪地记录着大自然的每一个美景和瞬间。

春天，当孩子走进大自然的怀抱，他就能亲眼目睹红的桃花、白的梨花、黄的迎春花、绿的垂柳，小鸟在枝头欢唱，使孩子仿佛置身于诗般美丽的画中，感受

到大自然美的熏陶。在这个时候,在孩子的心中,春天是五颜六色的,因为可以亲眼看见;春天是有着唧唧喳喳、叮叮咚咚的美妙声音的,因为可以亲耳听见;春天是可以闻到沁人心脾的清香的,因为鼻子不会撒谎。

带着孩子去春游踏青,采几朵鲜花,编织一个五彩缤纷的花环,送给在家里操劳的妈妈。折一段柳枝,做一个哨子,让孩子吹奏出一支春日交响曲。

冰雪消融之后,小溪继续潺潺流动。向孩子发问吧,"小溪要流向哪里?""大河要流向何处?""大海为何永不干涸?"在一个接一个的提问中,启发孩子的探索精神和疑问精神。

夏天,带孩子走进大自然。带他一起去寻找那"知了……知了……"声音的来源,和他一起观察蝉的一生。和他一起泛舟小湖,荡漾在荷花烂漫之中,和孩子一起吟咏"接天莲叶无穷碧,映日荷花别样红"。

在大自然的勃勃生机中,让他感受生命的力量。别让孩子总闷在空调房里贪图那点儿机械制造出来的"清凉",要带着他到外面接受骄阳的考验。与孩子一起到池塘边寻找小蝌蚪的影子,寻找那阵阵蛙鸣的源头。

秋天,带孩子走进大自然。让他从火红、金黄的树叶里体会到,什么是"叶落知秋"。和孩子一起拾几片枯黄的树叶作为书签或者用树叶贴秋天美丽的图画,把秋之美带回家里,珍藏在心底。带着孩子去参加农民伯伯的"秋收大战",在田间地头,向他讲述一日三餐的来源。最好让孩子亲自动手,体验一下劳动者的艰辛。

冬天,带孩子走进大自然。让他踩着厚厚的积雪,听着咯吱咯吱的声响,举目四望去感受什么才是"北国风光,千里冰封,万里雪飘。……山舞银蛇,原驰蜡象,欲与天公试比高。……须晴日,看红装素裹,分外妖娆。"这样亲身的体验,他才能理解什么叫江山如此多娇。

爸爸妈妈和孩子来一场打雪仗吧,忘却一切束缚,尽情沉浸在天伦之乐中。

孩子会记住他在大自然中的所见所闻,并且会铭记于心,这些经历会成为孩子成长过程中的一笔宝贵财富,并让他受用一生。

接触大自然之前的准备工作。

1. 和孩子商量一下到什么地方去,最好选择季节景象特征比较明显的地方。具体而言就是每个景点都有它最适合观赏的季节,家长们不妨以此为参考。外出的前一天晚上不能睡得太迟,要保证足够的睡眠,这样,第二天踏青时孩子才会感到精力充沛。

2. 要备足干粮、饮用水、手机电池、少量现金、必备药物、创可贴、纱布等。还可以准备好小鱼网、小桶,以便到达目的地时到池塘中捞小鱼。还可准备一些体育用具,如羽毛球、小足球,以便娱乐时用。

3. 准备几本生物科普书,以便在野外旅游遇到不懂的问题时,和孩子一起探索。

4. 相机或DV是一定要带的,以便记录一家人在户外享受天伦之乐的点点滴滴。

5. 在游玩过程中,一定要不时地对孩子抛出问题,引导孩子去发现大自然中隐藏的知识和疑问,例如提出这样一些问题:"春天到了,树上、地上有什么变化?""太阳照在身上怎样?""人们穿的服饰有什么变化"等,这样孩子在寻找答案的过程中,就能不断积累新的知识和经验,还有助于培养其观察能力。

野外游玩结束后,要求孩子必须要写一篇游记,相信在这个时候,孩子肯定不会发愁没有东西可写了。同时,也可以和孩子进行一次谈话,让孩子讲讲踏青的所见所闻及其自己的感受。

## 陪孩子走出去

陪孩子走出去,并不需要做什么特殊的准备,也不需要过于深思熟虑以至瞻前顾后,迟迟不能成行。

陪孩子出去走走吧,现在就出发。

爬山

会当凌绝顶，一览众山小。如果不带孩子亲自去登上山顶，他又如何才能领略到这诗中的意境。

登山前的准备工作：

带一件外套，登山杖，手套。不管山下气温如何，要知道到了山顶之后，温度是会降很多的，所以为了避免着凉，最好还是带一件外套。为防止尖锐石头或植物上的刺扎手，手套也是必需的。

登山绳，不要觉得这是多余，我们的建议是，必须带上。

必备的药品，饮用水，巧克力等能量充足又便于携带的食物。

相机、DV等。

给孩子选择一双适合登山的运动鞋，最好是能防止扭伤脚踝的那种专用登山靴。全家人都要换上宽松透气的运动装，山顶风大，最好戴顶帽子。

登山前一个星期，就需要提前对孩子的体力进行锻炼，每天定期进行周身肌肉的适度拉练，以防止登山时肌肉抽筋或拉伤。如果不提前进行锻炼，有的孩子可能在登山回来后需要一个星期才能将体力恢复。

家庭成员一起爬山，不要讲求速度，不要限制时间。重要的是享受过程中的快乐，在爬山途中，可以和孩子一起讨论沿途所见的植物和动物，对它们的习性进行辨认和记录。

安全起见，最好沿着常规路线攀登，不要因为好奇和贪图刺激而自行另辟蹊径，这样非常危险！

爬山对孩子的意志力是一种考验。很多小孩子都会在刚开始登山的时候兴奋得不得了，但到了中段以及后半段的时候，这种热情就会很快褪去。那个时候他会不停抱怨无法继续，但一定要想方设法让他把剩下的旅途完成。爬到山顶后，孩子肯定会为眼前的美景所陶醉。这时候父母就可以趁机教导他人生的道理，风雨过后就会有彩虹，艰苦过后换来的是美好的生活。

在下山的过程中，不要忘了对孩子进行孝道方面的教育，引导他去搀扶自己的母亲，一家人扶老携幼，共同完成下山的旅途。

野营

野外宿营，对于锻炼孩子的勇气和适应能力，都是非常有意义的。野外宿营可以让孩子学会许多平常都接触不到的知识和经验，这对他以后的成长有重大意义。当然，这都有赖于父母的留心传授和引导。

在营地的选择上，应该和孩子一起选择一个干燥、平坦、视线辽阔、上下都有通路、能避风排水且取水方便的地方。

勿选在易塌方的崖壁；勿在水坝下方，或注意泄洪警报；勿在草丛灌木丛中夜宿，以免蛇虫鼠蚁的骚扰。

通过这些注意事项，教会孩子如何避免可能存在的风险。当孩子掌握了远离危险的技能之后，就会让父母放心许多。

扎帐篷

父母可以边说边演示给孩子看，告诉他如何才能把帐篷固定得更加安全。

1.帐篷的入口要背风，帐篷要远离有滚石的山坡。

2.为避免下雨时帐篷被淹，应在篷顶边线正下方挖一条排水沟。

3.帐篷四角要用大石头压住。

野外安全用火

一定要教会孩子在野外用火的注意事项，告诉他如何避免可能出现的火情。晚间临睡前要检查是否熄灭了所有火苗，帐篷是否固定结实了。

野外环保注意事项

要借此培养孩子的环保意识，和他一起努力，绝不在野外留下一丁点儿垃圾。对于排泄物和残留食物，应该做好掩埋处理；固体垃圾可以打包带回市区的垃圾桶。

野外方向辨别

靠太阳才能辨别方位，是行不通的。可以借此机会传授给孩子许多野外辨别方位的技能，即不靠太阳和指南针时的方位辨别。

1. 太阳被云团遮住或下雨之时，可以靠树木或石头上的苔藓的生长状态来获知方位。在北半球以树木而言，树叶生长茂盛的一方即是南方。若切开树木，年轮幅度较宽的一方，湿长着苔藓的一方即是北方。

2. 利用星星。在北半球通常以北极星为目标。夜晚利用北极星辨认方向的关键在于在茫茫星海中，准确地找到北极星。

通过一次有意义的野外宿营或登山，相信很多父母会惊讶地发现，您的孩子好像突然长大了好几岁，变得成熟稳重了许多。

Step5：别阻止孩子接触大自然

# Step6:"摸"让孩子学会更多

**Test:让"摸"还是不让"摸"?**

很多孩子总喜欢用手摸这摸那,怎么说都不管用,父母为此忧心忡忡。如果碰坏什么值钱的物品也就算了,如果遇到危险怎么办?

当孩子喜欢"摸"各种物品的时候,我们是让"摸"还是不让"摸"呢?先来看一个测试题:

奇奇五岁,两只手从来不会闲着,总喜欢这碰下那碰下,家长不得不经常"盯着"他,生怕他出什么意外。

有一次,他看到桌子上有一个黄色的乒乓球,就迫不及待地想去拿,可一不小心却把爸爸的小鱼缸摔破了,鱼缸里的鱼满地跳跃,水把地毯都浸湿了。

请问,如果您是奇奇的父母,遇到这样的情况您会怎么做呢?

A. 这还了得?打骂是免不了的;
B. 说几句也就算了;
C. 对奇奇说:"没关系,我知道你是不小心碰到的。"

您选择的答案是:_____

释疑:

首先,对孩子进行体罚、斥责,会让孩子的心理产生一定的变化。

当奇奇为了拿到乒乓球而打坏鱼缸时,如果你以"棍棒相加"或者严厉训斥,以此告诫孩子下次再也不能打坏鱼缸的话,往往会给孩子内心造成不利的影响,严重的甚至会造成孩子心理障碍,有的孩子可能一直到长大成人后,遇到和乒乓球和鱼缸相关的事情都会产生恐惧。与此同时,这种恐惧还会扩散开来,在孩子做其他事情的时候,也会形成心理障碍。

其次,只有在自由中,让孩子根据内在的能力,自发快乐地节制自己的行为,才能成为自己的主人。

危险!不能碰

涛涛今年六岁了，特别淘气，总是喜欢触碰各种东西，不让他碰就哭闹，父母真的是拿他没有办法。

涛涛妈妈说："以前涛涛小的时候，总是用手摸自己的生殖器，后来我慢慢地纠正，他才逐渐改正过来的。可现在，虽然不摸生殖器了，却什么东西都不放过，看见就要拿。"

有一天，涛涛看到妈妈正在熨衣服，就来劲儿了。开始的时候还只是站在一旁看着，眼睛仔细地瞧着妈妈的各种动作；接着，问题来了，而且是一大堆，"妈妈，你在干什么啊"、"妈妈，衣服怎么在冒烟呢"、"妈妈，我也要玩"……

说要玩那就真的动手了，涛涛开始用手准备拿熨斗，妈妈当然不让他碰，"危险，不能碰"，万一烫到了怎么办？可涛涛哪管这些，不让碰，就抢！

涛涛妈妈一看孩子这阵势，连忙把电源拔了，哎，改天再熨吧。可收起了熨斗，孩子看到妈妈从墙壁上拔下插头，却对墙壁上的插座产生了兴趣。

天啊，这个可比熨斗危险多了。起初，涛涛只是蹲下来瞧瞧，然后用手指头摸摸，可手指头就是插不进去，于是他满屋子找东西，试图看看插座里面是什么东西，他找来了金属筷子！

这差点把涛涛妈妈吓死，没等他走近插座，就赶紧把金属筷子收起来……

### 孩子怎么这么好动呢

冬冬从小就好动，无论是躺着、趴着、坐着，手脚都不停地动这动那，没有消停的时候。

冬冬的妈妈说："我的孩子在一个地方待的时间一长，就会哭着闹着要走。因为我不怎么约束他，再加上爬得早，所以在地上爬滚也就成了家常便饭，只要不为过，我一般都由着他。可自从会走了以后，他的活动空间就更大了，我的烦恼也随着多了起来。"

黄妈妈也同样面对这样的困扰："虽然孩子还小，但胆量很大，到任何一个

Step6:「摸」让孩子学会更多

陌生的地方都不会怕生，只要有人聚集，就会凑过去。比如有人打羽毛球，他会去拿别人的球拍；看见有人下象棋，他会用手一抓一把；看见其他小朋友的玩具，他更不会放过，可每次他拿了别人的东西玩，都不会超过三分钟，过后就寻找新目标……我每天都口干舌燥跟他讲道理，可他却乐此不疲……都说小孩好动是天性，可我们家孩子是不是太好动了？不知对他以后的发展会不会有影响？"

许多父母都反映自己的孩子很好动，喜欢用自己的身体碰触各种物体。面对孩子的这种习惯，父母该怎么办，是让他"摸"还是制止呢？

## Why：孩子通过感觉了解世界

其实，孩子喜欢摸这摸那、好动，是因为他们天生地想用这些方式感觉外部环境。可以说，孩子是依靠"感觉统合"来感觉、认识世界和周围环境的。感觉，是孩子获取知识的最直接、最重要的途径。

### 什么是孩子的感觉

"感觉统合"是指大脑和身体相互协调的学习过程，即指机体在环境内有效利用自己的感官，以不同的感觉通路（视觉、听觉、味觉、嗅觉、触觉、前庭觉和本体觉等）从环境中获得信息输入大脑，大脑再对其信息进行加工处理（包括：解释、比较、增强、抑制、联系、统一），并作出适应性反应的能力，简称"感统"。

父母可以想象，在雨天，有些人总是喜欢脱掉鞋子，在乡间泥泞的小路上用脚把一小块地方抹平，然后在上面走过，体验那种滑滑的和小心翼翼的感觉。这种行为其实就完全符合"通过感官感受获得经验"的理念。

### 感觉是孩子获取知识的手段

各种各样的感觉体验是孩子学习、成长的基础。许多教育先人对于感觉体验与知识的关系的认识如出一辙。

卢梭的话语最具有代表性：感知觉体验是知识的第一块基石。他的教育对象爱弥儿就是"在自然的环境条件下充分运用自己的所有感官与自然万物接触，学会了判断和评价事物。"

**蒙特梭利认为感觉教育是最有趣味的教育学，并创设了一套颇有特色的感官教育体系。**

**杜威认为为孩子出的第一个问题应该是学习互相结合地运用感觉器官和运动器官，并在自己管理的学校中实行"做中学"。**

令人遗憾的是，现今的孩子，特别是生活在大城市中的孩子，面对的世界是一个充斥着替代产品的世界——塑料化的玩具，塑胶化的人工草坪，高科技化和自动化的设备。

从表面上看，这些孩子们身边充斥着大量的感官印象和信息，然而适合孩子的并不多，能让孩子亲身体验的刺激更是屈指可数，其结果只能是"感官营养不良"，导致感觉统合失调的孩子越来越多。

感觉是生命的开始

对于儿童来说，全然敞开的感觉就是他们生命本身，他们依靠感觉来发现和创造新的自己和现象。

生命的感觉是人所有部分的基础。"我感觉了，我才能发现。"感觉帮助儿童发现着外在的世界，也帮助儿童发现着内在的世界。"发现了，儿童才能产生下一步的探索与创造，才能流向下一步的心理与认知。"

认知是从感觉开始的，同时感觉是良知和善的来源，精神的感觉是爱、道德和美好的来源。感觉可以推动你到达那种至爱、至善和至美，让你体验至爱、至善和至美。

"智力中没有一样东西最初不是源自感觉"

一个孩子，一手拿着洗脸毛巾，一手拿着梳子，他咬咬毛巾又咬咬梳子……一些人可能知道他在用嘴感觉软和硬。但遗憾的是，他的父母并不知道，没有及时把"软"和"硬"这两个词告诉孩子；庆幸的是，他的父母没有把毛巾和梳子拿开。

好奇心驱使感觉行动

强烈的好奇心，能驱使孩子接触、感觉各种事物，形成"好动"、"摸这摸那"的现象。

孩子由于年龄小，生活范围狭窄，知识经验有限，因而世间万事万物对他们都有着强大的诱惑力和吸引力，对于周围的一切事物，他们都会感到那么的奇特和不可思议。

而当孩子有了好奇心时，便会去尝试。尝试是孩子好奇心的直接表现。这种表现体现为：无论什么时候，孩子都跃跃欲试，会想要去看、听、嗅、尝、摸，有时还会做出惊人之举。比如用嘴尝东西，用手抓红红的火，到池塘边捉青蛙，在鱼塘里捉鱼，趁父母不在，将屋子弄得一团糟，把一些玩具拆开，给大人们添了不少麻烦。

可这正是尝试，尝试正是孩子获取知识、认识世界的主要途径。在尝试中，他们思维积极活跃。同时，他们会积累各种事物的直接经验，使各方面能力得到发展。

总之，孩子正是通过各种感觉来了解、认识外部环境，开始自己的生命征程。这种感觉的动机是好奇心，手段是"摸这摸那"、"好动"。所以，父母要理解孩子好动的天性、"总停不下来"的"脾性"和强烈的好奇心。

## 简单的"不许"让孩子更烦躁

当孩子出现喜欢摸这摸那、好动的现象时，很多父母会以"禁止"、"不许"等简单的方式拒绝孩子，其实，父母这样做，只会让孩子更烦躁。

在上节中，我们知道孩子是通过各种触觉来感知、认识外面的世界的，这受

教会孩子吃苦 就是给孩子幸福

到好奇心的驱使。而当父母以简单的"禁止"、"不许"命令孩子时，孩子肯定不为所动。

假如父母大动干戈，以怒骂的方式严厉禁止孩子的行为，可能当下能够起到一定的制止作用，但对孩子却带来伤害：不仅会扼制孩子的探索、尝试的心理和行为，孩子下次定会更加"积极"地尝试各种新鲜物品，甚至故意在父母面前表现，以自己的"淋漓尽致"反抗父母的"暴行"。

琳琳今年三岁半，活泼可爱，经常受到邻居的表扬和赞美，可在琳琳父母看来，琳琳却是一个不听话的孩子。

为什么这么说呢？原来，琳琳特别爱触碰各种物品，不管是地上的、墙壁上的，还是厨房、卫生间，抑或是书柜、衣橱，凡是她能够够着的地方，都出现过她的"魔爪"，琳琳父母为此经常和亲戚朋友发牢骚。

和朋友发牢骚，对于孩子来说，当然一点用处都没有。所以，琳琳父母一般采取的方式就是"看到就禁止"，决不允许孩子逾越，不让孩子侵占。

例如，一个周末，琳琳的父母刚好都没有加班，妈妈在厨房做饭，爸爸在房里开着台灯看书，没人陪琳琳玩，这可把琳琳憋坏了。

于是，琳琳首先来到了厨房，看到妈妈正不可开交地做饭，就被煤气炉吸引了。接着琳琳就伸手开始玩煤气炉的开关，妈妈马上也伸手拉开了琳琳的小手。但是琳琳没有退缩的意思，仍旧时不时地玩着，有好几次都把煤气炉熄火了。

妈妈就生气了，只要琳琳一伸手，就轻轻地拍打了琳琳的手背，之后越来越用力，琳琳感觉到疼了，可还是想玩，她觉得太好玩了。

这一次，妈妈真的生气了，开始大声地训斥琳琳，琳琳被吓傻了，立在当场，然后眼一红，嘴一嘟，眼泪下来了……

既然妈妈不让碰，琳琳就来找爸爸了，她看到爸爸正聚精会神地在台灯下翻着书本，就趴在爸爸跟前，看着爸爸。可爸爸没有理她，依然自己看自己的书。

突然，琳琳被书桌上台灯柔和的灯光吸引，就低头想看看里面是什么东

西，可就是没看清楚。于是，琳琳把灯罩掀开了，终于看到了光源。琳琳爸爸似乎很严厉地说："别乱动！"

琳琳爸爸这时候开始注意琳琳的行为了，他担心她伸手去抓灯泡。可琳琳说抓就抓，还好琳琳爸爸早有准备，正当琳琳的手快要碰到灯泡的时候，琳琳爸爸的手已经抓住了琳琳的手臂。由于比较着急，这一抓稍微用力了点，自然把琳琳抓疼了，琳琳"啊"的一声，另一只手差点把台灯打翻……

最后，琳琳独自一个人坐在客厅，闷闷不乐，一直乱按着电视遥控器，直至把遥控器摔在地上……

可以看出，这样的方式非但不能阻止琳琳，反而让琳琳无所适从，变得更加烦躁，甚至行动越来越大胆，愈发让人担忧。

比如，有一次，家里来了客人，给琳琳父母带来了几只海胆，这可乐坏琳琳了。等妈妈把那些海胆放到厨房的时候，她就偷偷地一个人跑了进去……

此时，琳琳父母正和朋友聊得正酣，突然听到一声惨叫，"啊"，然后就是哭声，琳琳妈妈一听到从厨房传来的琳琳的哭声，猜到多半是琳琳用手去触碰海胆，被海胆的刺刺到了，就赶紧跑进厨房。

琳琳妈妈被眼前的景象吓呆了——琳琳的小手正滴着血……琳琳妈妈一边为琳琳包扎，一边哭着说："让你不要乱碰东西，你就是不听话，现在受伤了，疼了吧。"

等送走客人，琳琳父母开始发愁了，孩子这么爱乱摸东西，这可怎么是好？

由此可见，禁止对孩子来说已经没有任何作用了，大声呵斥也只会让孩子哭泣，难道要开打吗？这可不行，孩子的逆反心理会显露无遗的。那到底怎么办呢？这种屡禁不止的行为需要制止吗？应该如何制止呢？

## 与孩子一起探索

其实，当孩子正在通过感觉去感知、认识外面的世界时，父母不应禁止，而是要和孩子一道探索，这样才能让孩子更快活、更健康地成长。

如果孩子不用手去触摸世界，只靠一种感觉器官（比如听、看等等），孩子往往会被世界"欺骗"，不能真正地认识到世界的真相。

比如从镜子里面看到的东西，只有孩子用手摸到镜子的后边，才知道所看到的东西其实不在这个地方。可见，孩子必须通过触摸把不同感觉器官对同样事物的印象联系起来，才能认识、判断它的真相。

不仅如此，用眼睛看世界，只能看见颜色和亮度，对物体的形态、特征则无法得知，这就需要手等身体语言去进一步探索。

比如，孩子会扔一些物体来看它怎么反应，会不会往下面掉，能够发出什么声音等；当小孩看到月亮时甚至想用手抓住它，就像他也抓住身边的物体一样。

一般来说，7岁以下的孩子还不了解奇特的世界，他们特别喜欢使用与自己身体相关的基础感觉，因为这些感觉比较真实。这样，小孩当然需要用手甚至舌头等来感受所有的东西。

而这些都是为了得到成长、生活的经验。如果在儿童时期不给孩子这样的机会，他们就无法建设完善自己的感觉，对由单一的感觉认知的世界自然也就会有所偏离。

比如小孩有一个电子玩具，每次在按压玩具的时候都会听见一种音乐。结果，小孩得到的经验就是：那种材料包含的是音乐。小孩得到了那种不真实的经验，结果又是，他的感觉器官在头脑建设的方式是错误的，以后的感觉过程给他带来的信息也是错误的。可见，让孩子通过各种感觉，完整、正确地认识世界是很重要的。

那么，父母应当如何帮助孩子感觉外面的世界呢？一起探索。只有和孩子一起探索，才能帮助孩子真实、有效地认识外面复杂、多变的世界。

比如，上节琳琳的例子中，父母就可以这样来做：

那个周末，妈妈在厨房做饭，爸爸在房间看书，琳琳不甘寂寞和不被重视，就首先来到了厨房。看到妈妈熟练地操作着煤气炉，琳琳也想尝试，于是，多次伸手转动煤气炉的开关，有几次还把煤气炉熄火了。

这时，琳琳妈妈看到琳琳对煤气炉那么感兴趣，就暂时停止做饭，开始认知和孩子一起探索他心中未知的世界。

首先，琳琳妈妈对孩子说："小琳，这叫煤气炉，是通过那边的煤气罐像自来水管那样把一些能够点着的气体输送到这里，然后，这边一转动，犹如爸爸抽烟的打火机一打就有火了，然后妈妈就可以开始煮饭、烧菜了。"

看着琳琳聚精会神的样子，琳琳妈妈接着说："小琳，你来试试，好吗？"

琳琳听到妈妈让自己动手，甭提多开心了，可努力了多次，琳琳还是无法把火点着。琳琳妈妈也没有手把手去教，而是让琳琳多试几次，果不其然，在几分钟之后，琳琳终于"开动"了煤气炉。顿时，琳琳开心得活蹦乱跳，又接连打了几次都成功了。

最后，琳琳妈妈说："小琳终于通过自己的努力学会了一样技能，真棒……好啦，现在妈妈要用煤气炉给小琳做饭啦，你自己玩去，好吗？"当然好了，孩子开心什么事情都好办。

同样地，当孩子来到爸爸书桌前，试图想要弄清楚台灯的状况时，琳琳爸爸说："小琳，你知道这是什么吗？"琳琳摇摇头。琳琳爸爸接着说："这是电灯，如果不开灯，爸爸就看不清楚书本上的字啦。你看，这边有一个开关，你按一下试试。"

琳琳马上伸手按了，屋里马上黑乎乎一片，琳琳吓得叫爸爸。琳琳爸爸轻声地对琳琳说："别怕，刚才你把灯关了，你再按一次，那就又亮起来了，你再试试。"

琳琳又按了一下，恢复光亮后，琳琳爸爸看到一双透着快乐、充满感激的双眼，这是琳琳爸爸正确的教导之后，在琳琳脸上呈现出来的……从此，只要琳琳想尝试什么，父母都会试着和他一起探索，一方面免去孩子独自一个人可能面对的危险，另一方面，孩子也能更快地了解外面的世界。

所以，当孩子喜欢东摸西摸时，父母不应当阻止，以免扼制孩子强烈的探索世界的好奇心，而是应当陪着孩子，引导孩子去认识每一种孩子感兴趣的新奇事物。

# 保护孩子的求知欲 不妨从生活做起

## Step6:「摸」让孩子学会更多

### 和他分享你的热情：

无论令父母着迷和激动的是一场比赛、一门艺术、一项科技还是一盘拿手菜，都应该让孩子感受到父母从中获得的乐趣。如果父母刚刚兴奋地读了一篇文章或者看了一期《科技探索》节目，应该把这种兴奋告诉孩子。父母可以大致讲述刚刚了解到的事情，让孩子知道到底什么让父母感到有趣。虽然孩子不能充分理解其中的奥秘，但是他至少能够感受到父母的热情，并且向他传达了一种信息：大人也喜欢学习。

### 收起他的玩具

什么是最好的玩具？答案很简单：只有被孩子彻头彻尾玩儿过的玩具，才是最好的。所以最有效的办法收起他的玩具大军，只留下几样在外面就可以了。这样，孩子就不会漠视它们中的任何一个，而无论是锻炼手眼配合的、还是协调能力的、是激发想象的、还是增长知识的，都可以物尽其用了。

### 从孩子的爱好入手

不要对孩子迷恋一些冷僻的知识而失望或担忧，恰恰是这种独一无二的爱好更能够维持得长久。美国芝加哥大学针对天才运动员和天才艺术家进行的一项调研显示，这些人的共同之处就在于，他们的父母都是从很早就开始认可和鼓励他们的特殊爱好，并且尽最大可能提供帮助。所以父母们的使命可能就是：孩子指出方向，我们扫清障碍。所以，尝试从婴儿期开始培养和捕获孩子的兴趣点吧。最简单的做法就是让他尽可能多地接触外界事物，并且给他足够的时间去探索和发现。

### 用书籍包围他

哈佛大学的研究表明，如果孩子随处都能接触到书籍，那么他的阅读兴趣就容易被激发。所以，让孩子的身边充斥着不同种类的印刷品，报纸、杂志、书籍、辞典……是让孩子爱上读书的一个好方法。所以，不要把家中的书籍束之高阁，而是放在孩子随手可以拿到的地方，餐桌、床头、沙发靠背甚至汽车后排座位上。从孩子很小开始，你就可以给他一些旧报纸、旧杂志，任凭他把它们撕得七零八落。慢慢地，在家里确立一个看书或者讲故事的时间，让阅读成为一种习惯，并且让孩子从中感受到乐趣。

# Part 2
# 引导孩子成为物质的主人

还记得咱们小时候，一个妈妈用碎布缝制的沙包，都可以让我们兴奋好半天；一个爸爸亲手做的铁环，都可以让我们疯跑一整日而不知疲倦；还有表哥做的木头小手枪，等等。现在，家长会毫不吝啬地给孩子买无数更昂贵更高级的玩具。但孩子却越来越挑食、浪费、虚荣、冲动，这能怪谁？儿童教育是一门复杂且系统的艺术，很多方面都需要父母做出精准的控制，例如孩子的物质需求方面。

# Step1:别给孩子频繁地买玩具

**Test:你的孩子有多少个正在玩的玩具？**

还记得咱们小时候玩过的那些"DIY"玩具吗？

一个妈妈用碎布缝制的沙包，都可以让我们兴奋好半天；一个爸爸亲手做的铁环，都可以让我们疯跑一天而不知疲倦；还有表哥做的木头小手枪，二叔用废木头做的神奇来回镖，等等。

这些玩具无论是精致程度还是价格上，都无法和现代的玩具相媲美，但却带给了我们那一代人无限的欢乐，至今仍然是不可磨灭的美好回忆。

现在的孩子呢，玩具是从来不缺的。多则一个礼拜，少则三五天，家长们基本上都要给孩子添一件新玩具了。然而，不断增加的玩具，并未给孩子带来更多的快乐。

旧的玩具会被整理起来收藏到地下室或储物间，因为很多玩具都是刚买了不久，孩子就已经玩腻了。一年到头真正被他经常把玩的玩具几乎没有一个是固定的，多数都已经被他雪藏了。您的孩子是不是也是这样呢？

关于给孩子买玩具，家长最怕两件事，一是搬家，二是最近又有新卡通片开播。

每到有新播出的卡通片时，孩子当然很高兴，但父母就未必了，因为这意味着很快就要给孩子买新玩具了。可家里就那么大点儿地方，卡通片却是不停在播出，这什么时候才是个头啊。

当孩子10个月大的时候，身边朋友家的孩子都开始坐卡通电动迷你三轮车。当妈妈的因为受不了孩子眼馋别人玩的样子，一狠心花300元也买了一辆。随后，碰碰车、滑板车、能载人的小汽车……

没完没了，一辆接着一辆。当现在光这些大块头的童车已经塞满了地下室的时候，父母便开始感觉到这个问题已经到了不得不重视的时候。

更是有家长认为，如果再算上各种小娃娃、小皮球、小汽车等小玩具，粗略

教会孩子吃**苦**就是给孩子**幸福**

估计一下，孩子从出生到现在，在童车和各种玩具上的投入足有六七千元。

就算是不买大件儿玩具，但那些小玩具还是少不了的。一个月至少也得花上三四百块，积少成多，很快就能攒上两大箱，然后就只剩下发愁的份儿了。但孩子可不管这个，同一个小区里的孩子，只要有谁买了个新玩具，过不了几天相同年龄段的孩子就几乎人手一个了。

很多孩子都是这样，只要在电视上看到新型玩具，就非要买到不可。成成的妈妈张女士告诉笔者。由于成成是家里孩子年龄最小的，成成成了家里的宝贝疙瘩。为此经常闹着哥哥、姐姐买玩具，在很多玩具超市，成成已经是他们的常客了。

张女士说，成成的玩具将近3麻袋，光是奥特曼不同造型的就有20多种，可是，就是这样，成成还是会闹着买玩具。这位家长说，每个月买玩具要500元左右，为此，她和家里的人约法三章，不能娇惯再给孩子买玩具。尽管已经严格控制，但现在孩子的所有玩具加起来可以自己开个玩具店。

然而，因父母的宠爱而导致玩具数量不断增加只是一个方面，其他家庭成员也是有一定责任的，正如一位母亲就曾抱怨道："现在一个家庭一个孩子，我不买，孩子的姥姥姥爷、爷爷奶奶也会一件件往家里搬。总之，只要条件允许，总是尽力满足孩子。碰上个朋友做客，亲戚串门，更是少不了要给孩子带个玩具。"

很多家庭也都是类似的情况，从出生到现在，玩具是一箱一箱地买，最后丢的丢，送的送，卖的卖，都数不清有多少了。反正最后是以整箱为单位计算的，到了年龄大点之后，玩具照样是要买的，喜欢悠悠、喜欢玩车，等等。其实这都是跟风罢了，只要是别人有什么，他就吵着要，当然父母肯定是不愿意买的，因为孩子只不过是一时兴起罢了。

也有家长认为，对于孩子不能每样都满足他的，如果他非要不可，那个玩具又不是太贵，是可以通过父母赞助加上孩子打工加起来的钱去买。

## Why:喜新厌旧，让孩子无法懂得真正的乐趣

**犹太人有句名言:"这世界上有两种人的钱最容易赚,女人和孩子。"**

女人即使有一千件衣服还会嫌少,孩子即使有一万个玩具还会觉得不够满足。孩子在玩具方面属于典型的喜新厌旧,他们总是企盼这下一个精美的玩具,从来不认为眼前的这个玩具能给他带来长时间的乐趣。在不断的喜新厌旧中,孩子不会从玩具里获得真正的快乐。因为最好玩的玩具,永远都是下一个。

喜新厌旧之喜新

小孩子都有一个共同点,喜欢新鲜事物。经常是正在玩一个玩具时如果看到别的玩具就会直接扔掉旧玩具,转而去找那个未见过的新玩具。为了迎合孩子,父母只得经常买来新玩具吸引他,从而养成了孩子喜新厌旧的习性。越来越多的教育专家认为,这种做法可能正是导致孩子的持久耐力和毅力渐渐瓦解。

喜新厌旧之厌旧

一个玩具的玩法也就那么几种,到孩子手里之后很快就会被玩腻。

面对孩子对玩具喜新厌旧,如何让他获得更多乐趣。

1. 正确估计孩子的力量,给他合乎年龄和能力的玩具

有的智力型玩具需要较大年龄的孩子才会玩,而如果提前买给孩子的话,对方可能很快就会把玩具扔到一旁,建议买那些可玩性大的玩具,例如乐高、积木等。

2. 父母和孩子一起玩

和孩子一起玩,可以增加孩子挑战的欲望,玩具的可玩性也就相应提高。

## 新玩具不新奇,新玩法才有趣

有一位母亲是被自家孩子给逼急了才想起对策来的,和其他家庭的孩子一样,她的孩子对玩具可说得上是贪得无厌,所以新玩具一件件进门,旧玩具自然被打入"冷宫",终日躺在玩具箱里过着不见天日的日子。

后来,她发现孩子非常喜欢学着商场里的大人们在抽奖箱里抽奖,于是就找

了一个大盒子，在盒子里放了一些旧玩具，试着让孩子摸。结果孩子竟然出乎意料地喜欢这种游戏。然后妈妈又增加了旧玩具，并添入摸到什么玩具加几分，看谁摸得分数多的新规则，一直到现在她的孩子对这个游戏仍然保持着高度的兴趣。

的确，有很多妈妈都在为家里的储藏室里堆着的各种玩具头疼，从婴儿时期的小摇铃到幼儿阶段的橡皮球、脚蹬车，玩具上蒙着灰尘，可是这个小家伙还是整天觉得没东西可玩儿。可妈妈觉得再买玩具的话，储藏室就该爆棚了，那么，除了上述对策，还有其他什么好办法可以让这些旧玩具重新焕发生机呢？

### 新玩法 有趣就好

贝贝已经3岁了。妈妈从贝贝出生开始，就给她买各种各样的玩具。这一天，她打算好好清理一下女儿搁置已久的玩具。她看到一些圆柱形的塑料套杯，就拿起来，顺手放了几块塑料积木进去，然后用另一只手捂住杯口，摇晃起来。

"听，多美妙啊，你可以演奏音乐了。"贝贝一下子就被妈妈新颖的创意吸引了，立即拿起另一个塑料杯子，也模仿妈妈的样子，摇晃起装有积木的塑料杯来，"哇，我的小手鼓！"童童在地板上欢呼雀跃。从此以后，贝贝为塑料杯想出了更多的玩儿法——塑料小动物的船、毛绒熊的头盔、洋娃娃的垃圾桶等。

### 偷偷将玩具私藏

其实储藏室里的旧玩具，只要略加想象和引导，就可以变化出新的玩儿法。在孩子的眼里，有一个永恒不变的真理就是：孩子们拥有的越多，玩儿的就越少。整天看着一大堆五颜六色的玩具，他们的注意力就会完全被这玩具的海洋所淹没了。

那我们现在换一个思维，故意把一个玩具私藏起来，等到半年之后再拿出来给孩子看。这个时候您的孩子就会觉得，这个旧玩具其实是新买的，他绝对想不到是之前被藏起来的。这个办法可以为各位妈妈省下不少麻烦呢。

### 玩具组装

宁宁有很多火柴盒大小的玩具车，他玩儿了一段时间后，就都被遗忘在抽屉

**Step 1：别给孩子频繁地买玩具**

里了。宁宁老爸周日休息在家，看儿子百无聊赖的样子，就拿出这些旧玩具车，并排摆在地板上。

他用粉笔在地板上画出八条车道，然后和儿子一起把玩具车放在八条车道上，缓缓向前行驶；还给一辆面包车贴上红十字，变成急救车，让救护车疾驰在这些车辆中间，奔向前面一个鞋盒子改成的洋娃娃医院。宁宁嘴里一边哼着"哩呜……哩呜……"的救护车行驶声，一边两手帮着疏通交通，帮助救护车快些行驶，忙得不亦乐乎。

另外，有时候只需要给旧玩具配上一些场景或小部件，孩子就会感到十分惊奇。

比如，一个旧画架，用几块钱一筒的新油漆重新刷一遍，或者给一辆儿童三轮车配上一个时髦的小车筐，都会让宝贝感到新奇不已。有了这些变化，宝贝能把这件玩具玩儿上很长一段时间，而且乐此不疲。

玩具组合玩法

鼓励孩子和其他小朋友一起，建立一个虚拟的海陆空运输系统。例如给赛车后面加一个车斗，车斗里装其他小玩具，赛车就可以拉客人了。其他小坦克后面也可以这样做，用直升机来玩儿空运。还可以让孩子们轮流做运输总指挥，协调现场各类玩具车辆的前进和停止。

给玩具拍照

给孩子买一个便宜点儿的数码相机，教会他基本的操作方法，让他自己练习着给玩具拍照。也可以事先将玩具的姿态进行设置，然后拍出玩具正在交谈的照片。拍完之后，将照片放在电脑上打开，然后观察和点评，您会发现孩子会很享受此过程中所得到的乐趣。

把玩具丢进水里

当然，这里有一个前提，玩具和水必须经过消毒，必须确保孩子不会有呛水的危险。相信您的孩子会发现，当一些玩具被放进水里的时候，他们对玩具的兴趣便会重新燃起。

## 引导孩子钻研老游戏，新玩法

玩具生产厂家当然会不停地研发新的玩具来卖给孩子，但可怜的是我们这些为人父母的，浪费钱是一方面，再说家里面也实在没地方放玩具了。面对孩子无处安放的玩具大军，父母只有引导他们钻研出老游戏的新玩法，才是真正的解决之道。

孩子们所玩的游戏中，有许多都是依赖于玩具而进行的。父母不妨以此为突破口，用玩具作为道具，引导孩子创造更多的以旧玩具为基础的新游戏。这样其实也是老游戏，新玩法。

### 举办社区或班级玩具展览

让孩子和自己的小伙伴开个小会，商讨一下，在社区街道搞一个玩具展览会。每个人都把自己的玩具珍藏拿出来和大家分享。在展会上，还可以让所有玩具参加比赛，比如电动赛车大赛，电动直升机大赛，等等。

萍萍这天放学回家后，就向妈妈饶有兴趣地讲起了今天班里举行的玩具展览会。她告诉妈妈，展览会上同学们带了各种各样的玩具，有魔尺、巴比娃娃、会叫的小鸭子、小狗手偶、磁力棒等。看得她眼花缭乱，其中有两种玩具印象最深，会叫的小鸭子和小狗手偶。

会叫的小鸭子十分可爱，个头只有我的手掌那么大，身上毛茸茸的，摸上去软绵绵的。脑袋和身子连在一起，远远看去，这只鸭子就像一个金黄色的小绒球，这只鸭子不仅可爱还很神奇，只要轻轻拍拍它的脑袋，它就会嘎嘎地大叫，好像在说："同学们，很高兴今天来参加展览会。"

另一件玩具是小狗手偶，它是用布做的，乍一看像一只大手套，别看它的外形很普通，只是一只不起眼的小狗，但是如果你把它套在手上，它就马上活起来了，动动你的大拇指和小拇指，小狗立刻会拍手，还会和你打招呼，动动你的中指，小狗会点头、摇头，可爱极了。

萍萍表示，今天她看到了许许多多的玩具，希望以后自己也能发明出更多的玩

具。让小朋友开心地玩，每个小朋友都有自己喜欢的玩具。

事实上，有不少幼儿园或小学，都会采用举办玩具展览会的方式，来消除孩子对上学产生的抵触情绪。家长还可以鼓励孩子去找小伙伴开会商讨成立比赛的事情，这样可以锻炼孩子的组织才能和领导意识。在举办展会的过程中，孩子肯定会遇到各种阻碍或矛盾，他需要想尽办法一一解决，这可以锻炼孩子的情商和处理问题的能力。

为让玩具比赛有序进行，他必须还要和伙伴们商议制定大赛的基本规则和运作程序。看起来这只不过是小孩子过家家的行为，实际上却是很多社会行为（例如大运会、全运会等）的初级实践。另外，他还需要为比赛设立奖项，选择奖品。这些看似简单的行为之下，实际上是对孩子各类综合素质的考验。

### 玩具交易会

可以试着在社区里举办二手玩具交易会，参会的玩具拥有者可以用自己玩腻的旧玩具交换来自己所相中的玩具。然后玩具双方的持有者可以进行商谈，谈妥之后就可以各取所需，交换自己的玩具。交易会可以每间隔一段时间就举行一次，这样每个小朋友都可以不花一分钱而玩到不同的新奇玩具。

### 玩具组装大赛

将同类玩具编为一组，然后由裁判下令开始，各组小选手先要将自己的玩具拆卸完毕，然后再迅速组装完整。用时最短者胜出。这类游戏对孩子动手能力的提高，是最有帮助的。

### 玩具献爱心专场活动

在社区里定期举办一场"捐玩具、献爱心"活动，把自己多余的玩具都挑出来进行专门的归类，然后由专人进行消毒、打包，最后送到贫困地区那些缺少玩具的同龄孩子手中，把我们的快乐与他们一同分享。还可以鼓励孩子随玩具寄一封自己给对方的信件，这样就等于用一个玩具结交了一个来自远方的朋友。这样孩子的生活就又多了一件有意义的事情。

玩具讲故事大赛

每个参赛选手拿着自己的玩具，以玩具为主角，现场编一个三至五分钟的故事。也可以将不同的几个玩具放在一起，赋予它们不同的角色，编一个几个玩具同时参与的故事。这对孩子的语言组织能力和语言表达能力，以及临场心理素质等都是一个绝佳的锻炼机会。

Step1:别给孩子频繁地买玩具

# Step2：别让孩子太挑食、太随性

### Test:你的孩子有多少件丢掉的玩具和衣服？

现在的孩子什么事都由着自己的性子来，挑食、浪费等毛病是越来越难管教，买来的玩具也是胡乱丢弃，被弃之不顾的还有很多丝毫没有破损的衣服。

要证明这些现象在自家是否存在，十分简单。

您只要找张凳子或人字梯，到大衣柜顶部看看，那里有不少孩子曾经的玩具。

再弯腰到床底下看看，最好戴着口罩，再带一把扫帚，基本上可以扫出一箱子的破旧玩具。这些在以前可都是孩子最宠爱的玩具，现在都被无情地打入冷宫。还有衣柜里最底部那些还能穿的所谓过时的衣服也有一大堆。

这些小小学生娃们，身上到底有多少因为太随性而养成的坏毛病，恐怕只有他们自己才清楚。

曾经有某市的小学生成立了一个陋习调查小队，用了一个月的时间，对自己的同学们进行调查和统计，最后得出了一个大致的结果。其中，浪费、打架、上网玩游戏、破坏公物等12条被列入陋习榜，互相攀比吃穿当选为高年级的最大陋习。

### 爱攀比

六年级的一个学生说，有些同学不比学习成绩，反而经常比谁的衣服漂亮，比谁的衣服贵。负责调查的学生说，高年级学生自以为长大了，有逆反心理，喜欢攀比和搞恶作剧。

此外，吃街边的不卫生的小食品，说谎话，不遵守交通规则，公共场所大声喧哗等，也都是高年级学生公认的坏习惯。

### 学习不够主动

由于在吃穿方面花了过多精力，所以在学习上自然就少了很多主动，这主要表现在考试成绩和家庭作业的质量上。

其他陋习主要还表现在爱嫉妒别人、乱扔垃圾、玩电子游戏等，这些都包含

在诸多陋习之中。很多孩子都反映,三四年级的学生,在学习上很懒散,看电视,打游戏,作业经常完不成。有些学生自以为是,认为自己是最好的,不善于从别人身上汲取优点。

**在年龄较小的学生中,不懂节约是个普遍陋习,浪费纸笔水电是最广泛的陋习,因为这个比例已经达到85.4%。时间观念差,以72.3%的比例位列第二。**

低年级学生写作业,写错字,喜欢把整张纸都撕掉,有时写一次作业都要撕三四张纸,一个作业本写两三次作业就用完了。铅笔也一样,不少小学生喜新厌旧,把还能用的铅笔都扔掉,换新的,在一年级学生身上表现比较明显。有些学生把幼儿园的习惯带到学校,常迟到,有事或者生病不给老师请假。

陋习排行榜

1. 浪费水、电、纸、食物、衣物、鞋子:偶尔洗一次衣服,虽然让妈妈感到欣慰,但惊人的耗水量让人皱眉头。至于吃饭挑食,上厕所不随手关灯,这些老习惯则是根深蒂固,屡教不改。很多衣柜的衣服,床底下的鞋子,都是好好的,完全能穿。但很多孩子就是会以过时和老土为由,拒绝再穿。这些孩子肯定不知道,他们的父辈、祖辈,都曾经有过一条裤子兄弟几人轮流穿,补丁摞补丁的情况。哪一件衣服不是新三年旧三年,缝缝补补又三年,可现在的孩子呢,有哪件衣服是真正穿烂的。

2. 打架骂人不礼貌:现在的孩子,灰色童谣和骂人的话都是一套一套的,可见了邻里的长辈,却成了一个个小哑巴,都是低头擦肩而过,要不就是呵呵傻笑一声,连叫什么都不知道。

3. 上网吧、上黑游戏厅、玩游戏:背诵一段课文,把有些孩子难为得连汗都能急出来,可要是说起某某游戏的什么装备,以及什么必杀技,可是头头是道、条理清晰。

4. 乱涂乱画,不懂得保护公物。

5. 上课看课外书,闯红灯。

6. 独立能力差,依赖性强:在家里是个大喇叭,动不动就大声喊叫:"妈……我那个××放到哪儿了?我怎么找不到啊!"离了妈妈,恐怕连双成对的

袜子都找不着。

7．乱扔垃圾，乱吐痰。

8．贪玩，不认真完成作业。

9．不尊老爱幼，不尊敬师长。

10．搞恶作剧。

11．吃街边不合格的小食品：吃正餐时不好好吃饭，挑食，可一到学校课间的时候，就拿着家里给的零花钱，出去校外买那些街边不卫生的小吃。

12．上课注意力不集中。

## Why:挑食、浪费，不知道珍惜

有不少孩子都是挑食大王，他们不单挑食，还有浪费粮食的坏毛病。对于那些他所讨厌的食物，都能找出不吃的借口。

**不吃蔬菜**：确切地说，是一切绿色的都不吃。什么白菜、青椒、油麦菜，只要是绿色的，统统不吃。更可气的是，他竟然会连碗里绿色的葱花都挑出来扔了。真真气煞人也！虽然蔬菜富含维生素，可人家就是不吃，你能怎么着？

**不吃燕麦**：孩子会说这种黏糊糊的东西，没什么可吃的。

**不吃西红柿**：太酸，没有苹果好吃。

**不吃姜**：这些黄色的颗粒物，到底是干什么用的，味道怪怪的，很辣，不好吃。

**不吃胡萝卜**：卡通片里不是说兔子才吃胡萝卜吗？真不懂老妈为什么要做胡萝卜给我吃。

要杜绝挑食和浪费粮食，就要帮孩子感受一次饥饿的感觉。现在的小孩子，有哪个感受过咱们父辈当年那种饥饿的感觉，那种吃了上顿没下顿儿的焦虑感。在那个限制人均口粮的年代，每一位父母都需要对自己家庭成员每日所消耗的粮食精打细算，否则寅吃卯粮的话，很快就会无粮可吃。

如今不同了，孩子除了主食无所限制，还有数不清的零食。再加上父母反复敦促其吃饭，所以孩子几乎没有机会去感受饥饿。饥饿的感觉，能够使我们更加珍惜眼前的食物。同样，这个道理也适用于孩子，要想让孩子懂得珍惜，就必须让他学会去真心付出。

古时候，有一个铁匠的儿子是远近闻名的超级懒人，整日里好吃懒做，游手好闲。早年间，铁匠还算有把子力气，在他的拼命努力下家里的日子倒还过得去。不过人都是会变老的，当铁匠年老力衰之后，日子就慢慢困窘了起来。一天，铁匠对自己的老伴说："我们真是家门不幸，养了这么个不懂事的儿子，他简直是一无是处。要是他再不学着干活，咱们那点儿家底儿很快就得让他坐吃山空，他自己也早晚会饿死。我和你都老了，应当让他挣钱糊口了。从今天起就得开始教育他。"

老伴对此也是愁肠满腹，她深知儿子肯定连一分钱也挣不着，可她对儿子又十分溺爱，于是就背着老伴儿偷偷地给了他一个硬币，说道："出去随便找个地方过一天，晚上回家，把这钱交给你爹，就说是你自己打工挣来的。"

儿子照母亲的意思做了。父亲接过钱，放在手中挥动了几下，又用鼻子闻了闻，竟然就直接扔进了壁炉里，厉声对儿子说道："这不是你亲手挣的钱。"

次日，母亲只好又给了儿子一枚硬币。吩咐道："这次你最好一整天也别回来，多跑跑逛逛，晚上回来就疲倦了。这样你爹就会相信，这钱是你自己挣的了。"

儿子又是晚上才回来，把钱递给父亲。父亲把钱接过来，像上次那样又挥动了几下，随即扔进了壁炉里。父亲说："你又骗我，这钱绝对不是你亲手挣的。"

老母亲这下子终于明白了，自己溺爱儿子的做法在孩子的父亲那里是无济于事的。因为老爹扔钱时，儿子脸上的肌肉纹丝不动，是因为他压根儿不知道挣钱有多么艰难。于是，她对儿子说："不能再欺骗你爹了，知道吗？现在不要再心存妄想了，赶紧找个地方干活去，学点手艺。不管挣几个钱，都要交给你爹，让他知道你能自力更生了。"

事情从此开始，似乎有了转机。儿子走了一星期后，仍然不见回家。他在外面帮人干家务，又帮人下地干活。一会儿向这个师傅学手艺，一会儿又向那个师傅讨教技术。就这样挣了一些钱，带回家交给了父亲。谁知老父亲竟然还像以前那

Step2:别让孩子太挑食、太随性

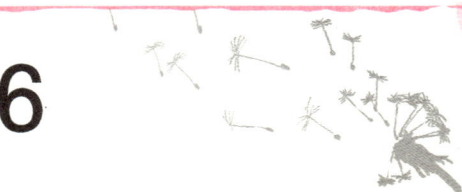

样,把钱从一只手倒向另一只手,闻了闻,就又把钱扔进了壁炉,还说:"我还是不相信这些钱是你挣的。"

儿子感到十分委屈的同时,径直一头扑向壁炉,从灼热的炉火中,一个一个地把那些钱币又掏了出来,并大声嚷道:"你干什么!为了挣这些钱,我可是整整一个星期从早到晚不停地干活儿,可你却拿它们不当回事儿,就直接给扔进了炉子里。"

父亲看着儿子,笑了:"现在我知道了,这才是你自己挣的钱,而且你也懂得了这钱来之不易。别人给的钱,你是毫不珍惜的,但为了自己辛苦挣的钱,是可以一头扎进火里去的。看来以后我再不用为你的生存问题担忧了。"

孩子就是这样,因为他没有努力去争取,一切都来得那么容易,当然不会懂得什么叫珍惜。

## 珍惜是孩子感情学习的第一课

馒头从哪儿来的?
大米从哪儿来的?

相信这两个问题未必能有多少孩子能够答得上来,要让孩子懂得珍惜,就要从这个问题入手,让孩子有一个全面的认识。

父母可以带孩子到田间地头,观看或亲身体验农作物的播种、灌溉、施肥以及收割,再带他去参观面粉加工过程,让他对粮食的生产过程有一个概念。

和孩子一起了解偏远山区的粮食匮乏状况,以及非洲地区的饥荒。

一个馒头的生命历程,以手中的一个馒头为例,用追根溯源的方式去寻找馒头的生产全过程。

犁地→购种→播种→施肥→灌溉→锄草→灌溉→施肥→洒农药→收割→晾晒→归仓→出售→加工→售出面粉→面食制作→售出馒头→家庭主妇购买→食用

数十道工序,农民伯伯长达180天的精心种植与呵护。顶着炎炎烈日辛苦收

割，最终才有了在餐桌上出现的雪白馒头，但是孩子只咬了几口就扔掉。

小健是个三年级的小学生，他各个方面都挺优秀的，但却因为浪费粮食和挑食而让爸爸和妈妈深感头痛。

爸爸为了帮助小健克服这个问题，就精心策划了一个解决方案。这天是双休日，爸爸和妈妈开车带着小健去了离市区很远的一个郊区农家院。到达目的地之后，爸爸才告诉小健，这个地方没有服务员和厨师，要想吃饭就得自己动手，况且车上也没带干粮。

小健一下子不知所措地愣在那里，爸爸告诉他，这里只有一袋子小麦，要想吃面就得自己想办法了。爸爸在院子里找到了一个石磨，并向小健讲述了如何用石磨将小麦磨成面粉的方法。这个三年级的小学生还是头一次听说过面粉原来是这么来的，他倒是很好奇该如何去磨面粉。

当爸爸喊他过去推磨时，这个小家伙彻底傻了眼，他不解地问："爸，那我看人家电视里演的，都是一头驴在拉磨啊！怎么？"爸爸扑哧一笑："驴拉磨，想什么呢，这里哪有驴，除了老爸我还有你这个小男子汉，没有谁能推磨。别废话了，开始干吧！"

小健只好过去和爸爸一起推动木把，他把吃奶的劲儿都使了出来，才和爸爸一起把石磨推动。父子二人一起累得面红耳赤、气喘吁吁，妈妈在一旁加油助威。大半个小时之后，才从石磨下面扫出来一点儿面粉，结果二人只好又满头大汗地干了好大一会儿，才又磨出来一些面粉。

当妈妈说面粉差不多够了的时候，小健已经累得趴在地上。爸爸也累得不轻，问小健道："儿子，还饿吗？"小健喘着粗气说："我快饿死了，但我更想立刻就睡一觉，太累了！我的妈呀，原来面粉是这么来的。这也太累人了吧。"爸爸苦笑一声说："唉！儿子，才这点儿苦你就受不了了。当年你奶奶带着我在农村生活，她一个女人家，硬是一个人把全家所需的面粉，推着石磨一点一点磨出来的。唉！……"说着说着，爸爸的眼眶都湿润了。小健虽然不是完全听得懂，但也陷入了沉思。

过了半个小时，妈妈用面粉和面赶出了手工面条。她冲屋外喊了一声，爷儿俩早就饿坏了。小健更是饿狼一般扑向灶台，捧起一碗面条开始猛吃起来。一家

人边吃边聊,小健平常是不爱吃面条的,可这天竟然破天荒地连吃了两大碗。吃完之后,他竟然还走向灶台,用勺子在锅底捞了好半天,连底部的最后几根面条也被他捞上来吃掉了。爸爸问他为什么要这么做,小健不好意思地憨憨一笑说:"吃这顿饭太不容易了,这些面条所用的面粉,可是我和老爸费了九牛二虎之力才磨出来的,要是吃不完该多可惜!"

在这之后,小健就再也没有出现过挑食的行为,也从未浪费过一粒粮食。

只有付出劳动,孩子才会知道珍惜;只有感到饥饿,孩子才会饥不择食。

## 父母在行动:拒绝挑食大行动

面对孩子的挑食行为,父母要一起行动,从多方面共同努力,帮助孩子建立正确的饮食习惯,这也是为孩子将来一生的健康做铺垫。

耐性第一

有的父母在孩子挑食的时候,往往会很快失去耐性,进而大声责骂,甚至一巴掌把筷子打飞到地上。孩子本来就害怕,这样一弄,就更加不想吃饭了。

分析客观原因:

1. 可能身体不适,消化力弱,食欲不振而挑食。这属于正常现象,家长无须过虑,可以带孩子去看医生,开几幅健脾开胃的药就好了。

2. 食物的种类、制作方法单一。单一的种类和味道,会让孩子的味蕾难以兴奋,也就不会有胃口。这类情况的家庭主妇们,的确需要重新考虑一下自己的烹饪水准了。

3. 家长对孩子的身体过于关注,经常强迫孩子进食某些营养食品,从而引起孩子对这些食物的反感。

4. 父母给孩子买的零食过多,让孩子混淆了零食和主食的区别。

分析主观原因:

1. 家长忽视了对孩子正常饮食习惯的培养,或对孩子过于迁就与放任,助长了

孩子挑食的坏习惯。

2. 家长有意无意地在孩子面前表现出对某种食物的偏好，孩子受了偏食意识的影响自然而然地加以模仿。

3. 在添加辅食阶段，父母没有注意给孩子吃各种食品，使得孩子的味觉对好多食物不适应、不接受。

4. 没有养成好的进食习惯，缺乏进食的兴趣。

5. 进餐气氛不好，父母给孩子的压力太大，过分强调孩子多吃。

父母的表率作用

有一个容易忽略的情况是，不少父母已经在孩子面前暴露了自己的饮食偏好。

：比如爸爸从来不爱吃什么，妈妈不喜欢吃什么，等等。孩子会进行模仿，进而也养成与父母相近的饮食偏好。其中，爸爸的作用尤为重要。国外的儿童营养师就认为，如果父亲是个挑食的人，那么孩子多数也会挑食，因为"孩子们通常爱学习爸爸的行为举止"。如何帮助孩子有一个好胃口，下面有几个小策略。

吃饭前不要剧烈运动

剧烈运动之后，人身体的消化系统机能尚未恢复，且不会有饥饿感。如果此时就餐，孩子必然会挑挑拣拣，长此以往，易养成挑食的坏习惯。

鼓励孩子做餐前服务

妈妈可以引导孩子参与餐前准备工作，利用他们好奇、好动的天性，让他们帮忙摆桌椅、端菜碟、分碗筷，甚至在做菜时让他们帮忙洗菜、拿佐料。

一方面，孩子面对自己参与劳动所得的成果，自然会很开胃；而另一方面，孩子在帮厨的过程中，会第一个闻到食物的香味，这会大大刺激他的食欲。

父母暗示法

这一条需要父母的积极配合，比如在吃饭前就提前用夸张的语气和表情去渲染食物的美味。这样可以给孩子进行心理暗示，提高他对食物的期待感。

严格控制零食

通过各种方法，来让孩子明白"正餐"的含义和其重要性。同时，也要摆事实讲道理，让孩子明白"零食"的害处，以及零食中所含的食品添加剂对人体的危害。让孩子少吃或不吃零食，这样，到了该吃饭的时候，他自然会饥不择食，也就不再挑食了。

美妙的进餐氛围

进餐氛围很重要，它决定了餐桌上人们的胃口，尤其是孩子。进餐时可以不时聊一些让孩子开心的话题，这样他就会在喜悦中不知不觉也吃下很多东西。切忌在孩子进餐时恐吓、责骂或以其他方式惩罚孩子，因为恐惧、担忧、愤怒等负面情绪会直接影响孩子的食欲。家长应善于营造就餐时的快乐气氛，使孩子心情愉快，乐于进食。

不妥协，有决心

孩子的挑食行为为何会养成习惯，就是因为他知道，如果某样食物自己坚持不吃，妈妈很快就会妥协的。所以说，要想让孩子有胃口，不挑食，父母就坚决不能妥协。要让孩子意识到，如果桌子上的东西他不吃的话，就等着挨饿吧。当孩子知道父母不会让步后，自然会乖乖就范，不再挑食。

例如强强不吃牛肉，妈妈怕他饿坏了，立刻为他预备别的食物，强强的挑食行为得逞，坏习惯就会由此养成。相反，假如妈妈告诉强强牛肉很好吃，全家都爱吃，吃了以后身体会强壮，而且这个时候只有牛肉吃，不吃就要饿肚子。这种积极、坚定的态度就会有效地阻止孩子的挑食行为。

为孩子树立一个榜样

这个榜样可以是一个体育明星,也可以是一个武打明星。总之,这个明星要是孩子所喜欢的,并且形象健康,身高体壮。这样父母就可以说:"你看人家×××,人家身体那么壮,个子那么高,就是小时候不挑食才长那么帅的。"或者以孩子的表哥等亲戚作为榜样,引导孩子克服挑食习惯。孩子最喜欢得到别人的称赞,可以在挑食的孩子面前,大大称赞不挑食的孩子,从而使孩子因羡慕而积极地效仿。

### 进食量的把握
一个孩子每天所消耗的热量和营养就那么点儿,每天吃饭时不要让他暴饮暴食。在饮食有规律的情况下,到了饭点儿,他的胃里面自然会咕咕叫了。

### 在食物上下工夫
要让孩子胃口好,不挑食,最主要的还是得在食物上下工夫。

### 食物多样化
专家介绍,人体每天需要包括水在内的40多种营养素,若长期摄入某些营养素不足,必然营养失衡,导致营养不良。最好的解决办法就是多样食物合理搭配,也只有多样食物合理搭配才能满足人体需要的所有营养素,并且使各种营养素的营养质量相互提升。要达到这种平衡,每天摄取的食物品类不应少于20种,能够达到25种是最理想的了。食物种类的丰富,自然会引起孩子的进食兴趣。

### 烹饪方法多样化
同样一种食物,这种做法孩子不爱吃,就换一种做法。比如炒茄子他不爱吃,就改做鱼香烧茄子。炒胡萝卜他不爱吃,就改做牛肉炖萝卜。不爱吃水果,家长可以尝试将许多种新鲜水果放在一个浅盘中,同时附上一杯酸奶,端给孩子;为了让孩子们有新奇感,也可以尝试用两三种不同颜色的水果做成水果串,或把水果切成块后与酸奶混合后放到模具里冻成冰。不爱吃蔬菜,为了增加蔬菜的摄入量,可以弄点新鲜蔬菜让孩子蘸上酱吃;一种蔬菜多变出几种花样来做,比如胡萝卜可

以切片、切丝、切丁，可以蒸，可以煮，也可以做成沙拉，这都会让孩子更喜欢。

将食物隐藏

这一招用来对付顽固性挑食的孩子，可以用工具将食物打碎，总之让孩子看不出食物的种类。然后将这些打碎的食物藏在孩子其他爱吃的食物中间，让孩子在不知不觉中吃下去。例如鹏鹏从来不爱吃鱼肉，因为怕鱼刺。那妈妈就可以把鱼肉剥离后彻底搅碎，然后再将搅碎的鱼肉和其他蔬菜混合在一起，再下油锅做成喷香的炸丸子。当鹏鹏一个接一个地吃掉所有外焦里嫩的炸丸子时，这小家伙根本不知道自己吃的是最不爱吃的鱼肉。

和其他家庭主妇交流经验

到孩子的其他小伙伴家里，和他们的妈妈在一起交流经验，看看哪些菜是孩子最爱吃的，交流彼此的烹饪心得。在自己家里的厨房，试着做出不同于以往的味道，带给孩子味觉上的新鲜感。

和孩子一起制订食谱

到菜市场或超市买菜时，建议带上孩子。让他为自己的晚饭挑选喜爱的食材，慢慢地由此掌握孩子在饮食上的好恶。如果孩子实在不爱吃某样菜，可以试着用其他在营养成分上与之相近的食物来替代。

## 让孩子吃饭的招数个个数

问题一：边吃边玩

对症下药：孩子到三岁左右，就引导他乖乖地坐着吃饭，不可边吃边玩。孩子吃饱了，就不要再硬塞给他吃。

问题二：挑食

对症下药：让孩子有选择的自由，与大人一样，选择食物也有好恶之分。可以允许孩子有一定的选择权。

问题三：吃饭少

对症下药：

1. 让孩子决定自己的饭量，不要硬逼着孩子完成母亲规定的标准定量。让孩子独立用餐，稍大些的孩子允许他用自己的方式选择就餐时间，或自己规定饭量。

2. 每天必须给孩子一定的运动量（促进血液循环，有助于消化）。

问题四：吃饭慢

对症下药：

1. 孩子生来就是"慢郎中"性格，生性如此，父母不必一再催促。

2. 进餐细嚼慢咽是好事，有助于孩子健康。

3. 孩子没有食欲，吃吃停停，注意力转移，或是碰到不喜欢吃的食物。

Step2:别让孩子太挑食、太随性

# Step3:别给孩子过于虚荣的幸福

### Test:给孩子怎样的幸福?

为什么说父母是爱孩子的,因为他们总想给孩子最好的,来让孩子感到幸福。不过在物质越来越丰富的今天,却有越来越多的父母都在为同一个问题而发愁,那就是到底该给孩子怎样的幸福?给他们什么,才算是让他们真正的幸福?

**千篇一律的程式化夸赞,给不了孩子永远的幸福**

几乎所有的小孩子都会乐于聆听别人的赞许,例如"这是谁家的小孩儿啊,真漂亮!""小朋友,真可爱!"事实上这类赞许在生活中是很常见的。例如有很多大人一看到小女孩,就当面夸奖她们长得非常漂亮。可如果您的女孩被这样夸两年、夸三年,会造成什么结果?相信她每天一定会把小镜子带在身上。

有一对小姐弟同在一个幼儿园学习,这个小女孩就被很多长者夸奖她长得很漂亮,所以这个小女孩常常上课到一半,还会拿出镜子照一照。她的学习跟她弟弟差距非常大,因为她只重视外表,心思常常不能专注,很在意别人是否在看她,这样的孩子以后很容易走向虚荣浮华的一生。

所以,做长辈的虽然可以称赞孩子的相貌,但事实上我们应该很清楚,容貌的丑俊只是暂时的。

**旋转木马让人感到很幸福,但它总有停下来的一刻**

很多父母在弥足珍贵的休息日来临时,总会把平时因工作而耽误的父爱和母爱在这一天一下子集中起来给孩子,以期望可以弥补平时的疏于关爱。很多教育工作者也都在反映这个问题,很多孩子最喜欢的不是大自然,而是让父母带他们去游乐场。

例如有的孩子就喜欢玩那些升到几百米高,然后又突然掉下来的游戏,玩的时候还要大叫。还有的孩子痴迷于旋转木马,在那上面感受风驰电掣的感觉时,他们觉得自己很幸福。但问题在于,游乐场是有营业时间的,你不可能让孩子一直坐下去。当孩子们离开游乐场，回到家里时，他们还能天天一如既往地感受到游乐场带给他们的那种幸福感吗？

**昂贵的漂亮衣服，总有厌烦的一天**
对于一个喜欢漂亮衣服的人而言，真正期待的拥有的漂亮衣服，永远是还未得到的下一件。

有的父母真的会在潜意识中认为，他们给孩子所买的衣服的价签数字，和他们给孩子的爱，是成正比关系的。所以，孩子有了很多名贵的漂亮衣服，尽管这会让孩子在短时间内感到幸福，但是能快乐多久？

可能两三天，每天都要穿出去给别人看一下，可商店的橱窗里，总会有新品不断推出，每件都更昂贵，更漂亮，而这种无止境的无意义做法，究竟还要持续多久，才能够给孩子永远的幸福。

**一部昂贵的数码产品**

商场中摆满了各类数码产品，能够给人带来更多的娱乐方式。的确，父母给孩子买的昂贵mp3，可以听出高保真的动听音效，听出天籁般的音乐，但却永远听不到来自父母坦诚相待的促膝长谈。

**或许，我们该给孩子一张无限透支的信用卡**
有多少父母还在做孩子的人肉ATM，有多少父母每次接到孩子电话的时候，内容都是和"往银行卡上打钱"有关。

事实上，假如你去了解现在孩子花钱的态度，你听了都会震惊。很多高中生花钱花到妈妈都快承受不住了，光是打个行动电话都不知道要付多少钱，更何况是其他的消费！

正是因为孩子小的时候,要什么父母就给什么,才让他养成这样的消费习惯。很快乐像天堂,买一大堆东西,把坏习惯养成了。

很多十多岁、二十多岁的学生都申请好几张信用卡,这一张刷爆再申请一张,这种情况也相当多。原本花纸质钞票时,孩子至少还有个钱多钱少的概念,但信用卡和网络购物问世之后,孩子连钱数多少的概念都没有了,鼠标轻轻一点,花钱如流水一般。

总而言之,动辄成百上千元的高档玩具,都不如一个父亲结实的肩膀给孩子带来的温暖和依靠;成千上万元的名牌服装,穿不出"慈母手中线"的浓浓亲情。与其费心思在给孩子怎样的幸福上,不如花精力传授给孩子一些能够给他带来一生幸福的技能和知识。

## Why:灾难来临,才了解父母的无奈

现在的父母在对待孩子的方式上,确切地说是表达爱的方式上,都有些不知所措了,因为他们不知道该给自己孩子怎样的幸福才算爱他们,一些父母就因为盲目的爱,而造成了孩子身上出现了很多家长想象不到的问题。

孩子要钱,父母也不敢给,也不敢不给。给了钱,怕孩子拿去做不该做的事;不给吧,又怕孩子心里多想,认为自己做父母不爱自己的孩子。

刘老师是小书的班主任,说起这事至今还很后怕。上星期五下午放学时,刘老师将小书送到了马路对面的公交车站。然而,当天晚上,她却接到小书爸爸打来的电话,说孩子没回家。刘老师的心一下子揪起来了,赶紧将情况报告校长,同时四处打听小书的消息。

此时,除了小书家,同一年级的小龙和小宾家里也乱成一团,这两个孩子也和小书一样莫名其妙地失踪了。不过,两户人家忙着寻找孩子,当晚并没有将情况告诉老师,所以学校并不知道有3个孩子同一天不见了。第二天上午,学校得知三个孩子失踪的消息,老师感到事态严重,请家长分别去当地派出所报案。

通知警方的同时,这三个孩子的家长动员了近百名亲朋好友四出寻找孩子。小书的爸爸告诉大家,自从孩子不见后,老婆整日以泪洗面,喃喃自语。孩子的爷

爷、奶奶，也是几天没吃没喝。星期六过去了，星期天也过去了。直到今天早上，孩子还是没有出现。

孩子会去哪儿呢？三户人家的家长在一起商议对策。

小书的家长突然想起，孩子几个月前学会了上网，难道去网吧了？上网吧是要钱的，他们哪来的钱呢？这时，孩子的奶奶说，她的100元钱不见了。另外两个孩子的家长也说，就在几天前，孩子曾经从他们那里拿走了钱，说是要交学校的伙食费，莫非他们没有将钱交给老师，一问老师，果然如此。看来孩子们很可能是拿着钱上网吧去了。于是，众人分头去大街上的网吧寻找。在经过一个普通房子时，果然看到自己的三个孩子正准备往一幢两层楼的民房里走。从外面看，这是很普通的民房，孩子为什么要往那儿去，在家长的追问下，孩子说这几天他们一直在民房里面上网。

孩子找回来了，但家长们的心却难以平静。自己在吃穿用度上面对孩子也是百依百顺，从来都是再苦不能苦孩子，可没想到这几个孩子丝毫没有体谅父母的不易。孩子花钱是小事，重要的是能够用在正确的地方。

最近，杨女士一直忧心忡忡，她万万没有想到，还在读小学的儿子竟然迷上了学校对面小店里的抽奖游戏，因此白白浪费钞票不说，还影响了学习。

前不久学校因为要举办艺术节，要学生缴50元服装费。当天早上杨女士因为没有零钱，她就给了儿子100元钱，让儿子把50元钱找回来。当天傍晚，杨女士的儿子一直到近6点才回家，比平时足足迟了一个多小时，在妈妈的苦苦追问下，她儿子才道出了原委。

原来，放学后他与几个同学一道进了学校对面的小店里，找回的50元钱全部用在了抽奖上，结果也没有抽中他看中的一把小枪。至此李女士才明白，这段时间为什么儿子老是向自己要零花钱，而且学习成绩也有了明显的下降，原来都是抽奖惹的祸。

为此杨女士希望相关部门能对小店坑害学生的经营行为予以查处，同时她还想提醒广大家长，要防止自己的孩子禁不住诱惑上当受骗。

上述事例中的家长也都是处在一个很典型的无奈境地，很多人肯定都会把责任归咎在家长身上。可孩子的父母真的就要负全责吗？他们当然也不想让孩子拿钱去上网，去赌博。但又不可能天天守在孩子的身边，老师也不可能天天看着孩子。

说来说去，还是要教给孩子一些专门的技能，比如对金钱的态度和对金钱的管理。在之后的几个小节中，我们将逐一进行探讨和分析。

## 挖掘孩子"白手起家"的潜质

有不少父亲都会在孩子面前炫耀当年英雄事迹的时候，用骄傲的语气说："哼！想当年，你爸爸我是一穷二白，可真的是白手起家。瞧瞧你，你现在可是真幸福，要啥有啥！"这类父亲可能都忽略了一个重要细节，他们手里有钱了，什么都能给孩子，但却忘了把自己当年白手起家的本领传授给孩子。

第一，好钢用在刀刃上。

勤俭节约，在任何时代，在任何国度，在任何社会，都是最基本的"白手起家"技能。首先，我们必须要教会孩子勤俭节约的技能，让他学会控制自己的消费欲，将钱拢在一起。然后，我们要让孩子明白"好钢用在刀刃上"的道理，即钱是肯定要花的，但要把钱集中起来花在该花的地方。不该花时，要斤斤计较；该花时，就不该锱铢必较。

在西方国家的家庭里，甚至是那些经济条件多数优于中国国民的家庭，他们对孩子的零用钱都有严格的要求和规定。

如德国的父母给孩子零用钱的原则是：定期分配，至于分配数额则根据孩子的年龄和家庭收入的实际情况而定。如孩子需预支某些"必需品"用钱时，家长会毫不犹豫地说不，其良苦用心是培养孩子的消费控制意识。而且，绝不用零用钱作为奖励孩子的手段，目的是教育孩子懂得，他们努力学习完全是为了自己将来成为

栋梁之材。对孩子的零用钱，美国家长更为"抠门"。

据调查显示，美国54%的青少年学生没有零用钱，而且年龄越大越不可能拿到零用钱，约有68%的受访青少年学生以打零工赚取零用钱。

更令人惊叹的是美国首富洛克菲勒，他是世界上第一个拥有10亿美元财产的超级富豪，但其子女的零用钱却少得"可怜"。他家账本扉页上印着孩子支配零花钱的规定：7—8岁每周30美分；11—12岁每周1美元；12岁以上每周3美元。零用钱每周发放一次，但是会要求孩子们标注每一笔支出的用途，待下次领钱时交父亲检查。对于账目清楚，用途正当者，下周分配零花钱会增发5美分；反之则减少。

洛克菲勒认为："过多的财富会给自己的子孙带来灾难"。这句蕴含着哲理的话，是值得我们反思的。

第二，劳动光荣。

在中国，有不少家长会这样教育自己的孩子。他们会指着炎炎烈日之下，马路上辛勤劳作的清洁工，对坐在开着空调的豪华轿车内的孩子说："看看他们，如果你不好好念书，做个白领，做个上等人，你将来也会像马路上这些人一样的。"

其实，这类家长是在向孩子传递一个错误的信号，即劳动可耻。而西方国家的家长则总是从锻炼孩子的独立生活能力出发，对孩子的教养采取放手而不放任的方法进行。普遍做法是根据不同年龄让孩子做自我服务性的劳动和各种力所能及的事情，从动手中发展他们的爱好和特长。

如一个美国家庭中有三个上小学的孩子，他们在家中都各有自己的角色和强项：10岁的男孩周末负责帮老爸割草、浇花、打扫花园；12岁的女孩能根据不同的食品配方烘烤出各种花样翻新且美味无比的点心；8岁的小女孩会编织五颜六色的杯子垫。

这显然是从小锻炼的好处，但这些做法在中国家长看来，似乎是可望而不可即的，而在西方国家并非个别现象。

例如西方国家的中小学生兼报童的例子，更是不胜枚举。据英国报纸推销站

联合会统计,全英约有50万送报童。年龄大一点的中学生打工也是再平常不过了,而且都得到家长支持。

一位英国人说:"孩子打工挣钱,家长都不反对,甚至还鼓励,一则可节约一些开支,更重要的是可以从小培养孩子的自立意识。……让孩子知道钱必须用劳动去换取,因而懂得不要乱花钱。"

当孩子有了白手起家的潜质后,在未踏入社会之前,这种能力可能表现得不会太突出。但这类孩子一旦面临社会实践的考验,就会像雄鹰飞上天空、飞鱼进入大海一样,到那个时候父母就会发现自己的孩子离成功是如此之近。

## 教给孩子受用一生的技能

孩子最缺什么?不缺吃不缺穿,也不缺钱花。他们最缺的,是长辈们身上那些可以让孩子受用一生的技能。

这些技能是长辈们生活阅历的总结,在父亲那里,在爷爷那里,在奶奶那里,都有很多能够让孩子受益匪浅的技能。这些技能并不是能够独立做一把椅子之类,而是指思想上、思维上的一些"技能"。

1. 保持一个积极的心态,没有什么事情是解决不了的。无论有多么困难,都要联系你的朋友或亲人,他们很愿意为你提供帮助。但前提是你自己不能消极颓废。

2. 要学会对每个人微笑,这是一种可以让你受用一生的技能。微笑是不需要翻译的世界通用语言,只要你在和别人沟通时先报之以微笑,那么全世界都会还以同样的微笑。

微笑是交际活动中最富含吸引力、最有价值的面部表情。一个不会微笑的人

是非常脆弱的，必须教会你自己学会微笑。古希腊哲学家苏格拉底曾说：除了阳光、空气、水分和微笑，我们还需要什么呢？毫无疑问，在这位大师的眼里，微笑同生活中阳光、空气、水分一样重要。同样，微笑对孩子来说，同样是十分重要的。从小善于微笑的孩子，长大以后，必然会用微笑的态度对待生活，成为在社会上备受欢迎的人。

3. 正确看待批评。当一个人被别人批评时，说明他还有救，说明他还正被人寄以期望。可如果连批评都得不到，那么他就彻底没戏了。

4. 锻炼出一个好身体。身体在任何时候，都是一个人赖以生存的根本。强健的体魄会增强你的抗击打能力，还能为你赢得一个好印象。我不想我的孩子将来会是一个学贯中西却连一桶水都提不动的文弱书生。

5. 朋友就是一切。不要总是把自己闷在家里，要多多出去参加朋友的聚会，从而结识更多新朋友。

6. 学会感恩。我们每个人当然都要学会感恩，为何？因为我们所拥有的一切，都离不开人与人之间的互助和互信。另外，还要善待你的父母。尤其是你的母亲，她付出的艰辛要远远超乎你的想象。

7. 独立思考。所有的父母都需要让孩子学会这一技能，因为我们这些做父母的不能保证永远陪在孩子身边为其出谋划策。总有一天，他在面临选择时，需要自己一个人进行独立思考。所以，孩子要学会要敢于怀疑权威，不要一味地只知道跟从前人的观点。

在一档电视节目的录制过程中，电视台的著名主持人比尔问一个七八岁的女孩："你长大以后想做什么？"女孩很自信地答道："总统。"全场观众哗然。比尔随后问："那你说说看，为什么美国至今没有女总统？"女孩不假思索地回答："因为男人不投我的票。"全场笑声一片。比尔继续问："你肯定是因为男人不投

你的票吗？"女孩不屑地说："当然肯定。"比尔意味深长地笑笑，对全场观众说："请投她票的男人举手。"伴随着笑声，有不少男人举手。比尔得意地说："你看，有不少男人投你的票呀。"女孩不为所动，淡淡地说："还不到三分之一。"比尔做出不相信的样子，对观众说道："请在场的所有男人把手举起来。"言下之意，不举手的就不是男人，哪个男人"敢"不举手。在哄堂大笑中，男人们的手一片林立。女孩露出了一丝轻蔑的笑意："他们不诚实，他们心里并不愿投我的票。"许多人目瞪口呆。然后是一片掌声，一片惊叹……

8. 拥抱变化。这世界上，只有变化才是永恒的。的确，变化确实会给人带来不适，但变化是无法阻止的。唯一的解决办法就是适应和接受变化，最好是以开放的态度去拥抱变化。

9. 沟通。沟通是解决一切问题的开始。如果一个人是对的，就要试着温和地、技巧地让对方同意他；如果一个人错了，就要迅速而热诚地承认。这要比为自己争辩有效和有意义得多。

相信有那么一天，孩子在长大之后，会明白当年长辈们的良苦用心，也会对他们所传授给自己的技能而心存感激。

**Step3：别给孩子过于虚荣的幸福**

孩子的虚荣心理，常表现为下列几种攀比行为：

1. 比美。如挑新衣服穿，看见别人穿了件新衣服，一定要买件漂亮的；穿了双新鞋会时时把脚伸给别人看。

2. 比富。夸耀自己家的"空调"、"音响"，自己和爸爸"乘飞机、住宾馆"等等。

## 孩子虚荣，责在父母

3. 比"能"。以"神童"自诩，认为自己什么都会。常说："这有啥稀奇，我会算几百加几百呢！"爱听表扬、受不了批评，只能赢、不能输，否则大哭大闹，失去心理平衡。

我是神童！

孩子爱虚荣，有碍真正的进步，甚至会形成嫉妒成性、冷酷无情的性格。因此，家长应从以下几个方面考虑及时给予纠正：

1. 少表扬。当孩子成功地做了一件事时，尽量不在众人面前夸奖他，别人夸奖时，应转移话题，加以制止。

2. 高要求。如果孩子做事总比别人做得快、做得好，就要交给他有一定难度的任务，使他感到自己能力不足，需要别人指导和帮助。进行受挫折训练，教孩子学会调节情绪，经受失败的考验是很必要的。

另外，不管经济条件如何，家长都不能放纵孩子的消费欲，应有目的、有计划地加以引导，逐步纠正孩子追求穿戴、羡慕虚荣的坏习惯。

# Step4: 向冲动型消费告别

### Test:追赶潮流型消费，孩子占几条？

所谓潮流型消费，即是根据时下最时髦的潮流来花钱购买一些其实并不太重要的物品。

在很早以前，咱们的父辈那一代，基本上能不买东西就不买东西，一分钱恨不得掰成两半花，只有必需品才会掏钱。但现在不同了，商品经济时代，花钱买一样东西的理由并不一定是需要，很多时候是因为大家都在买，所以我也要买。这就是追赶潮流的表现，如果不买，就会有一种被隔离的孤立感。

现在无处不在的媒体广告，也为孩子追赶潮流型消费提供了平台。到处都在播放最新款的衣物广告、运动鞋广告、数码产品广告，不断翻新的功能和造型，都在吸引人们去掏钱购买。孩子的定力不够好，更没有消费自制力，所以会想尽办法来购买，并且从不会满足。

关于孩子盲目追赶潮流而毫无节制的消费，有一则曾经发生过的新闻故事，很能说明这个问题在孩子身上的严重性。

"婷婷（化名）虽然成绩不拔尖，可向来听话，没让我们操心。没想到她居然瞒着我们攒钱买这些闲书！"她的父亲烦恼地对记者说。

前两周家里进行大扫除时，他发现了女儿藏在床底下的近100本时尚杂志，一问才知，原来这些时尚杂志这都是女儿大半年来把吃饭的钱省下来买的。正因为这种做法，婷婷付出了不小的代价。由于早午餐长期没保障，女儿日渐消瘦，肠胃也出了毛病，最后体检结果出来，女儿患了轻度营养不良，让她的父母是既生气又心疼。

据她的父亲回忆说，婷婷就读于某省一所高中一年级，虽然念书很努力，成绩却一直平平。每周，他都会给女儿100元，作为上学5天的交通费和伙食费。可是今年年初，钟先生忽然发现雯雯瘦了很多，昔日红扑扑的小脸儿也晦暗下来。可他并没有在意，只以为是孩子期末复习压力太大所致。直到上个月，天气逐渐热起来，钟先生决定把冬天的被褥都收到床下去。他和夫人一打开床板，却发现里面堆着七八摞杂志，一共92本，便宜的要10元左右，贵的甚至要30多元，所有的书加起

来，竟然将近2000多元。

经过父母的一番"苦口婆心"，婷婷才吐露实情：从去年10月份开始，她便把钱省下来买时尚杂志。除去来回交通费用，她每天都能从伙食费中"削减"10多元出来。至于早餐更是经常不吃，午饭则是以一碗白粥或者一份素米粉解决。就是用这种毫不见荤腥的生活，换来了一本本花花绿绿、印刷精美的时尚杂志。由于怕被爸爸妈妈发现，婷婷便把杂志都藏在床板下。

事后，婷婷告诉妈妈，自己通过阅读杂志，已经对时尚有了很全面的见地。而这些时尚杂志内有很多关于当季流行款式、流行色、流行彩妆的介绍。

有一次她和几个小姐妹谈起"烟熏妆"，说得头头是道，众人惊讶和羡慕的表情让她感到有几分得意。她爱看时尚杂志在学校出了名后，班上不少女孩子都向她借书。要换个发型，买件衣服之类的，也常常请她当参谋。她很享受这种"被信任"的感觉。

曾有媒体在某市中学以及流行前线等地，向年龄在14岁~18岁的女生派发问卷。

在收到的300份反馈问卷中，有166份将时尚休闲杂志选为平常喜欢阅读的课外书类型，约占55%。121名女生每个月在时尚杂志上的花销为20~30元，约占40.3%，但也有7人花销在150元以上。

至于说这样做的动机，大家都不太一样。有的单纯是为了"过眼瘾"，有的则是为了掌握流行资讯和获得谈资，融入他人。再有就是，为了扩展知识面，关注社会时事，提高审美观。

客观地说，消费行为本身是无可厚非的。一个有稳定经济收入的成年人，他完全可以依照自己的财力和嗜好来购买自己喜欢的物品，这是正常的、合法的、合乎道德的。但通常情况下，孩子都没有独立的经济来源，他们追赶潮流所需的资金几乎都是来自父母。

当他们的消费需求膨胀到不再听从父母建议的时候，就需要谨慎对待了。

### Why:"XX有,我也要"

在不少父母看来,孩子是永远不会满足的,他们总是想再要一件新衣服、一个新玩具。

在这里可以给广大父母们的一个建议是,当您的孩子一直喋喋不休地讨要钞票想要买一件物品,同时又无法给出合理解释时,那么答案只能是,他的同学就有一件同样的物品。

在孩子们看来,有一个逻辑是再合理不过了,即"我是孩子,那个同学也是小孩子,他有父母,我也有。他有那件东西,我也应该有。"

这种心理一般被认定为攀比。攀比通常是在同学、伙伴、朋友之间萌生的。

在一些重要日子里,这种攀比情况可能就更加严重一些。

例如在临近六一儿童节的一段日子里,几乎所有的孩子都已经或将要收到自己的儿童节礼物。

有的孩子甚至会提前一个月向父母预订价值不菲的儿童节礼物。

有的孩子因为是班里的中队委,因为学习成绩好,每到儿童节,家人都会送各种礼物给她当作奖励。

不仅父母送礼物,爷爷奶奶、姥姥姥爷、叔伯姨舅也都送。在很多孩子眼里,这是天经地义的,而且其重要性,堪比过年拿红包。

有些平时忙于工作的父母会说:"因为平时工作忙,没有太多时间陪孩子,就想着在'六一'儿童节这天弥补孩子,尽量满足孩子的一切欲望。"

"现在,我们也知道送孩子们节日礼物也成攀比之风,一年比一年奢侈。可是除了送礼物,带他们吃吃喝喝外,想不出还有什么方式了。"

对于那些家境不太富裕的孩子们来说，他们最怕的就是参加一些可能会导致同学们共同攀比的集体活动，例如上体育课。由于觉得校服比较单调，体现不出个性，一些孩子开始在穿鞋上"较劲"，类似"你的鞋是几代"、"多少钱买的"成为课余交流的热点话题。

据了解，有的学生一双鞋的价格就达5000多元。在放学时走到学校门口看一看就知道了，走出校园的学生们身上穿着统一的蓝绿色校服，脚下的鞋多数设计漂亮，既有外国名牌也有国产品牌。

事实上孩子们之间确实存在着'比鞋风'，有人买了1000多元的鞋，别的同学问起价格，他往往会轻描淡写地回应'你猜吧'，直到对方问上三四遍，才会假装不情愿地报出价格，但表情很神气。

小刚在开学第一天，回到家就一副不高兴的样子。妈妈问道："你怎么了？是不是寒假作业没完成，老师批评你了？"

"不是！"

"那是你作业太马虎？"

"不是！"

"开学第一天，见到那么多同学为什么不高兴啊？"

小刚却仍然不吱声，呆呆地坐在沙发上。过了几分钟，他从口袋里掏出手机往沙发上一扔："瞧瞧你过年给我买的什么手机呀？"

妈妈回答说："怎么了，这手机不是挺好吗，什么功能都有，还是国产名牌啊。"

"我们同学买的全是国际洋货，我同桌嘲笑我，说我OUT了，还买这么老土的牌子。"

妈妈这才明白，小刚一定是在学校看见别人买了大牌手机，觉得自己的手机"掉份儿"了。每次学校一开学，他们班的同学就会拿出各种五花八门的新装备来个"大比拼"，按他们的话说，就是看谁的更酷、更炫、更高科技。以前上小学时，大家比的还是书包文具盒这些日常的文具，现在上了中学以后，他们比的都是手机、笔记本电脑或是MP3、MP4等新鲜的数码产品。

Step4:向冲动型消费告别

小刚的妈妈看到这种情景，不禁反思起来，她发现，越是考虑孩子的面子，越是纵容他的攀比心理，他越不知足，是时候该好好教育教育他了。

孩子的思维逻辑是很直观的，他们不会想那么多，那么深。在孩子看来"我是小孩子，那些伙伴也是小孩子，人家的爸妈就给人家买了×××，我也有爸妈，为什么我就不能有一个相同的×××呢"？

这对于很多父母而言，是一个比较棘手的问题。买吧，孩子就会形成习惯，以后遇到同样情况就都得掏钱，如此下去就没个头了；不买吧，看着孩子的伙伴们都有，就他自己没有，这不显着咱这做父母的对孩子不够关爱吗？

买，还是不买，这是个问题！

## 追求名牌的孩子有多少

很多父母都对孩子追求名牌的行为既惊讶又不解，因为自己整天在社会上打拼经商，也算是阅历匪浅了，可在衣食住行上，仍然是保持着艰苦朴素的老传统。但听孩子谈论名牌，确实头头是道，见识颇深。让父母不禁疑问，这帮孩子现在都怎么成了吃穿用度都要讲求名牌的纨绔子弟了？

### 不换车就别来校门口接我

现在的孩子，除了花精力去和别人比吃穿上的名牌之外，在其他方面还要接着追求名牌，有些甚至是成年人意想不到的。

一到放学时间，家长们开始陆陆续续地涌到门口接孩子。但是对于军军的父亲而言，这件事情似乎带给他很多尴尬，甚至是伤心。由于自己和妻子都是私企业主，常年忙于生意应酬，对孩子疏于管教。可能是出于补偿心理，只要是儿子张嘴，能买最好的就不买次好的。

而他们夫妻二人自己的生活，却是以勤俭为原则，私家车也是最普通的那种小排量国产车。可正因为这辆车，让孩子觉得自己在同学面前很丢面子。在和孩子数次谈话中，军军的父母听出来，他们同学之间经常会就家长所开轿车的档次高低或名牌与否进行争论和比较。别看孩子们都小，可他们对各类高档名牌车，尤其是

进口名牌，都是如数家珍一般。哪家公司又出了什么新款，孩子们都是门儿清。当听到儿子军军说出来"不换车就别来校门口接我"这句话时，父母二人均感伤心，不过又觉得这也是他们教育不得当造成的后果。

这个孩子可能不知道的是，比尔·盖茨经常愿意绕更远的位置停车，因为他不愿意多花12美元去买那个位置更优越的VIP停车位。

请客吃饭，要去名牌餐馆

生日聚会时，现在的孩子们总想在父母不出场的前提下，自己拿着钱和伙伴们一起来次庆生宴。但一般路边的家常菜和小饭馆，已经无法满足处处追求名牌的他们。在这些孩子看来，最次也得去"××劳""××基"之类的洋快餐店，有的还要请同学去知名火锅店吃涮肉，并且吃晚饭后，还要去知名ktv唱歌，游戏厅打电脑，各种名牌消费总共算下来，花个千八百的也是很常见的。有些有钱的阔少甚至会花一两千元，送礼也是上百元一件的。

手里有更多闲钱的孩子，很多都在追求名牌

据相关机构对中小学生的走访调查和统计，发现某市10名学生中，有3名学生每月的零花钱在100元至200元，有4名学生每月的零花钱为300元至400元，还有3名学生每月零花钱超过800元，而这3人中，1名学生超过了1000元。此外，这些孩子几乎每人都有一笔自己的存款，从几百元到几千元不等。

这些钱当然不是他们自己挣的，多数孩子中，每天都会从父母那里得到20元零花钱，此外，亲戚长辈每周也会给钱，一个月大约可得600元左右的零花钱，过年过节还会得几千、上万的压岁钱。

可以这么说，这些手里有更多闲钱的孩子们，无论其是否具备主动追求名牌的意识，但最起码他已经具备了追求名牌的基本条件。有了更多的钱，孩子自然会在吃穿用度方面都买最贵的，最好的。那么随之而来的就是同学伙伴之间的相互攀比，紧接着就是追求名牌的盲目消费了。

父母的妥协，滋生孩子追求名牌的温床。

有不少家长，看到孩子由于追求名牌得不到满足时又哭又闹，甚至以不吃

饭、不学习来软磨硬泡，家长在又气又恨、又怜又爱的心情下常常会做出让步。这种妥协的教育方式，只能助长孩子的高消费心理，使他们得寸进尺。如果孩子养成了贪慕虚荣的恶习，直到有一天当他们伸手向父母要不到钱的时候，为了满足自己的欲望，就要想办法去寻钱了。

面对孩子追求名牌，不能一味强行阻挠。

因为事实上，有些名牌服装或鞋子，其价格是非名牌的2～3倍，但使用价值也是非名牌的2～3倍。质量过硬的名牌，往往能让孩子穿上好几年。当然，多数情况是这些衣物的尺码跟不上孩子疯长的身体。所以这就需要父母来引导孩子，帮他们建立合理正确的消费观。

## 引导孩子正确的消费观

消费行为其实可以反映出很多内容，它能借此反映出一个人的价值观和生活理念。正确的消费观是很有必要的，尤其是对于还在成长阶段的孩子。

正如我们可以从饭店的饭桌上已经人走茶凉的残羹剩饭中，能大致判断出吃这桌菜的客人，都是些什么文化层次以及什么修养的人一样。消费观有时候能够和孩子的价值观相挂钩，所以就需要父母的观察和引导。

在现今的大商场里，名牌服装已占据了大部分柜台，尤其是各大商场，更是名牌云集、琳琅满目。名牌，在带给人们感观上的享受同时，也展示令人咂舌的价格。有的孩子崇尚名牌服装，主要是有攀比心理，他们认为名牌能带来面子和羡慕，名牌服装不仅在审美情趣上要高出普通服装，在价格上更高出普通服装几倍甚至几十倍。

孩子日趋畸形的消费观背后，是父母吃力的供应和劳心伤神。现在的孩子很小就有审美意识了，跟父母逛街的时候，五六岁的孩子都会自己挑衣服。上小学的孩子就知道穿名牌，还喜欢和同学攀比。谈起名牌，他们总是如数家珍，这也给很多家长带来了烦恼。家长该不该给孩子穿名牌呢？

我们认为，与其纠结于这个问题本身，还不如究其根源，即帮助孩子建立正确的消费观。具体来说，要分为两个步骤。

第一，让孩子真正明白名牌到底意味着什么。

如果可能的话，带孩子到自己的工作场所，告诉他自己是如何用汗水和劳动来获得薪金作为酬劳的。如果可能的话，由母亲（一般情况下）来告诉孩子自己每日平均所得薪金，让孩子明白，一双名牌球鞋，是要耗费自己半个月的薪水才能得到的。这样，孩子就会重新对名牌有一个更彻底的认识。如果孩子能够明白，名牌在带来虚荣心和舒适感的同时，也会给本就辛劳的父母带来更多的压力，那么他就会重新审视自己追求名牌的盲目消费行为，进而做到少买或不买名牌，也不乱花钱。

另外，父母还可以从经济学角度帮助孩子认清名牌产品的本质。即那些国际名牌的服装鞋袜，或者数码电子产品，为何都那么昂贵。应引导孩子对关税、人力成本、零售成本、运输成本等环节有一个全面的认识。让孩子明白名牌产品的价格是如何高上去的，这样他就能够更加认清自己的消费行为。

第二，教孩子学会分清必需品和奢侈品。

在生活中，孩子追求名牌的心理大多源自于媒体的广告效应和攀比心理。他们并不能正确了解名牌的价值所在，而只是想让同学、伙伴们知道：我穿的也是名牌，从而得到心理上的自我满足。因此，家长必须要让孩子认识到穿什么牌子的衣服并不重要，重要的是大方得体。

例如，父母可以教孩子一些鉴别衣服质量好坏的窍门，让他意识到最贵的不一定是最好的。如果一样东西，你只是因为它价格高就想买，而不是因为其质量好，同时还能找到类似的价廉物美的替代品，那么这就是奢侈品。如果这件东西是必须要买的，而且会经常用到，并且其质量过硬，那么它就属于必需品。

家长可以搜集一些关于世界首富们的"抠门"行为，例如力压比尔盖茨而成为世界新首富的墨西哥电信大亨卡洛斯•斯利姆•埃卢，身家达到了535亿美元，控制着至少200家企业。但是他手腕上戴着的，不是劳力士，而是一块连小学生都不屑一瞥的塑料电子表。通过这些巨富的实例，来让孩子对财富和消费有一个新的认

识。

除此之外，家长还可以试着让孩子自己挣钱"补差价"。即一件普通的性价比高的非名牌物品A，另外有一件名牌物品B，其售价要比A高出两倍。那么可以用两者的售价相减，得出的差价，由孩子自己通过打工赚的钱来补上去，他才能在父母的帮助下拥有那件名牌产品。

在帮助孩子建立正确消费观的过程中，父母还要让孩子明白什么是永恒的，什么是短暂的。例如同样的钱，如果用来买一件昂贵的名牌衣服，那么顶多也就穿两年，就会因为厌弃而丢在一旁。如果这些钱用来买一本书或者参加一次科技展，那么在这个过程中所获得的知识和见识，却能够让孩子受用一生。一本书里的知识如果被大脑理解和吸收，就会成为永恒的知识，永远不会变旧或腐朽。

## 对"无限索取"型的孩子说不

孩子聪明活泼，长辈们都非常喜欢她，但是孩子一上街就要买这买那，不停地索要，这一点让父母无可奈何。

典型特征：这种孩子大多在家中非常受宠，而且习惯了父母给自己买礼物，所以一出门就向父母索要东西，父母不答应时就大哭大闹。

### 冷却策略

**坚持立场**

有时，父母因讨厌听到孩子的哭闹就满足了孩子的欲望。这对孩子人格的塑造是非常不利的。父母可以明确地告诉孩子：如果用哭闹方式来索要东西，父母们一定不会答应你。

**统一战线**

面对孩子索要物品的情况，父母要协商好并坚持统一战线，抵制孩子瞒着一方向另一方索要物品的恶劣行径。

**家庭"股份制"**

当孩子遇到非常想要的物品时，家长可以采取"股份制"的方式，各出一部分钱来购买。这样利于控制孩子"想买就能买"的心理，也会让孩子明白每一件物品的来之不易，从而更学会珍惜所买的物品。

Step4：向冲动型消费告别

# Step5:别让孩子成为金钱的奴隶

### Test:零用钱,你给孩子多少?

说起零花钱,可是个世界性命题。哪个国家的父母都会因为这事儿而发愁,不过由于各国经济水平以及民族文化的差异,家长们给孩子的零花钱的数目都有所不同。

在中国

据相关机构对中小学生的走访调查和统计,发现某市10名学生中,有3名学生每月的零花钱在100元至200元,有4名学生每月的零花钱为300元至400元,还有3名学生每月零花钱超过800元,而这3人中,1名学生超过了1000元。此外,这些孩子几乎每人都有一笔自己的存款,从几百元到几千元不等。

这些钱当然不是他们自己挣的,多数孩子中,每天都会从父母那里得到20元零花钱,此外,亲戚长辈每周也会给钱,一月大约可得600元左右的零花钱,过年过节还会得几千、上万的压岁钱。

在美国

具体数额不固定,主要靠孩子劳动所得,美国父母不会白给孩子一个子儿。想要零花钱,就得多动弹。例如锄草、遛狗、松土等,每次可得到的金钱数额不定,都可以存起来作为零花钱。

在英国

根据英国某银行对1,204名8-15岁儿童进行调查发现,英国儿童平均每周零花钱大约在6.24英镑到5.89英镑之间。不过在性别上,家长给女儿的零花钱少于儿子。男孩和女孩平均每周零花钱分别为6.08英镑和5.7英镑。

在日本

在日本,不管孩子的家庭经济状况如何,家长给孩子的零花钱几乎都是一样的,每个月每个孩子的零花钱基本都在5000到10000日圆之间,即人民币三百到六百多

元。即使是十分富裕的家庭每个月给孩子的零花钱也基本就那么多，这样一来就避免了孩子在别的同学面前炫耀富有，从而也避免了优越感的产生，对于培养孩子们的平等意识和正确的金钱观甚至人生观都大有裨益。

在俄罗斯

俄罗斯许多父母并不急于让自己的孩子步入成年，73%的孩子在需要时才向父母伸手要零用钱，29%的能定期拿到，而32%的孩子只是作为礼物才能收到零用钱。14.3%的青少年定期打零工来挣取零花钱，而23.5%的孩子只是偶尔为之。

在零花钱的问题上，俄罗斯父母的态度和中国父母比较接近。即零花钱在规定的日子发放，但数额一旦确定就不能更改。他们不会对孩子的零花钱斤斤计较，但是他们要求自己的孩子要对各类商品的价格有一个明确的概念。如果孩子把所有的钱要是一下花完，就意味着，在下一"发薪日"之前，孩子会两手空空。一开始的确有小孩子会一下花掉所有的钱，但是很快就会学着计划着用零用钱了。俄罗斯父母的态度是，尽量不娇惯孩子们，但也不控制零用钱，把孩子们变成小气鬼就不好了。另外，俄罗斯父母在给孩子额外的零花钱时，必须要求孩子对钱的用途进行合理解释。

在比利时

一般来讲，比利时家长到孩子年满10岁后就开始每月给一定数额的零花钱了。10至12岁的孩子年龄较小，每月从家长那里得到的零花钱平均为14.8欧元(1欧元约等于人民币11元)。13至14岁的孩子稍有增多，平均每月为25.8欧元。到了15至16岁，家长这时就显得稍微大方一些，每月给他们36.5欧元。而17至18岁的孩子已经接近成年，数额也就相应增长，每月平均可以从父母那里得到56.3欧元。比利时家长的态度是，当孩子不具备外出打工自赚外快的条件时，可以给他们一定额度的零花钱。但是，钱一旦发出去，孩子生活中所有开销，父母就不会再管了。比如孩子想用手机，没问题，花费要从本就不多的零花钱中扣除，所以他们的孩子都只好谨慎行事。

在德国

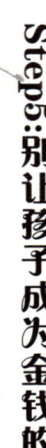

Step5:别让孩子成为金钱的奴隶

欧洲各国中，德国小孩子的腰包是比较富余的。一个德国儿童每周除了从父母那里获得2.85欧元外，还可从爷爷奶奶等人那里得到近3欧元。过生日和圣诞节时，他们还可以收获一笔。合计下来，6至12岁的德国儿童每年平均能有254欧元（约2600元人民币）的零花钱。德国父母的态度是，零花钱的支配是孩子应有的自由。但是，孩子必须保证所买的东西不是危险或是不健康的（比如小刀、香烟等），否则父母将严惩不贷。

综合来看，各国父母基本都是一样的，都比较疼爱孩子，不愿让孩子吃苦。但西方父母可能更趋于理性一点，管得比较严。

## Why:别让孩子认为金钱可以买到一切

很多父母都认为，既然金钱可以作为孩子成长的助推剂，那么不妨在生活中把这个方法落实到方方面面，把孩子的一切行为都和金钱挂钩，这样就可以最大限度地刺激孩子的积极性和参与热情。

生活中有不少父母真的是这样做的，例如有的父母规定：

洗碗一次2~3元，视碗的多少而定；擦地每小时5元。在学习成绩上：每次语文考90分以上、数学85分以上就可以得到10元的奖励。考试成绩达95分给5元，95分以上多1分增2元，满分30元

这样做有什么错吗？人家外国的家长不都是让孩子通过做家务来赚取零花钱吗？

事实上，这种比葫芦画瓢的教育方式，属于典型的唯金钱论。这些父母都忽略了一个重要问题，即哪些事情是孩子本来就应该做到的，是应尽的义务；哪些事情不属于义务，就可以进行额外的奖赏。

例如洗碗一次2~3元，视碗的多少而定；擦地每小时5元；倒垃圾一次3元；帮妈妈到楼下买酱油，一次2元；这些事情其实都是孩子应该做的分内事，作为家庭

成员的一分子，他必须要做好这些事情。

至于说拆洗抽油烟机、给花园松土这类重体力活，则明显是义务之外的，应该给予适度金钱奖励。

如果父母不把这两种不同的家务类型进行区分，就很容易养成孩子的拜金主义。

另外，以成绩的好坏来给予相应的金钱奖励，更是错误的做法。父母花很多钱供孩子上学，那么孩子就理应竭尽全力把课业成绩搞上去。至于说考试成绩与以前相比有所提高，也是应该做的事情，父母只需以口头奖励或简单物质奖励就可以，无需以金钱作为奖励手段。

有国外研究机构通过大量研究指出，从短期看，"贿赂"能够使孩子产生高度积极性，但从长远看，这种手段可能产生不利影响。当一个小孩受到多次"贿赂"后，他们会变得依赖"贿赂"，甚至做点普通的事也是如此。这种对孩子"行贿"的行为，虽然可以取得一时效果，但长久下去贻害无穷。

当父母试图把所有事情都和金钱联系到一起的时候，孩子的价值观就会发生潜在的偏移，他会在潜意识中认为，金钱可以买到一切。可以想见，当一个年纪尚轻的孩子思想中，已经出现了"金钱万能"的萌芽，这对他将来的一生将会产生何种不利影响，我们不敢想。

孩子成绩不够好时，家长给老师送去现金、厚礼，或是商场购物卡。当孩子在外闯下祸端时，父母给受害方送去赔偿款。当孩子看到父母用金钱为自己所有的错误买单时，他真的以为金钱是解决一切问题的。

有这样一个事例，让人看了之后心里很沉重。

某小学二年级的班主任刘老师，发现班上有个女生好像从来不带碗筷。这让她很疑惑，因为学校要求学生中餐自带碗筷，吃完后自己洗干净。后来经过侧面询问，班主任才搞清楚，原来那个女生竟然以每天放学后掏钱买零食为交换条件，让班上另一个女生帮忙带碗筷和洗碗。不仅如此，这位家境优越的女生，每当轮到她

Step5：别让孩子成为金钱的奴隶

值日的时候，竟然是靠出钱来让同学帮忙做的。

一位西方教育学家曾经评论道："当代中国的孩子，是在一个越来越富裕的时代中成长起来的，我们不敢想象这些物质期望很多的人，将会给经济造成什么样的影响。"

人的天性就是趋利避害的，没有一个孩子不喜欢奢侈与虚荣，也没有哪个孩子愿意把自己的物质水平降低到一无所有的地步，所有的孩子都渴望着能够获得锦衣玉食，那种从物质享受上获得的愉悦感，是极其直接而有力的。

从眼前来看，当孩子拥有"金钱至上"的观念时，其最直接的影响即是孩子在理想上的妥协和腐朽。不敢想的是，当孩子的眼睛里只有金钱，对任何美好事物都难以提起兴趣，对任何事情都从利益角度考虑时，其行为会出现怎样的"畸形"。甚至于为获得好成绩、高分数而舞弊作假、隐瞒欺骗，而这些都是我们所不愿意看到的。

问题是，我们的父母如何能够保证，一个从小学阶段就产生金钱万能价值观的孩子，他在将来一生的道路上，永远都不会走偏。

## 孩子要钱，给不给？给多少？

孩子要零花钱，父母还是要给的。但以什么方式给，以及给多少，都是一门大学问，因为这会直接影响孩子的金钱观、价值观以及正确消费观的养成。

下文中我们为家长朋友列出了几点建议，以供参考。

1. 实行"定时定额"制。

父母一定要想尽办法，把给孩子零花钱的过程复杂化，即不要让孩子感觉要钱的过程是那么简单和方便，这不利于让孩子在脑中形成"来之不易"的概念。

每个月或每个星期，召开例行家庭财务会议。开会时孩子必须到场，由家长公布家庭内部上周详细支出，公布下周财政预算。而后将零花钱交到孩子手中，但在这之前，孩子必须对父母公布自己零花钱上周的用途及详细账目，再说出零花钱在下周的用途，而后才能得到零花钱。之所以将给零花钱的过程复杂化，绝不是为

了走过场，而是为了让孩子对自己所花的每一分钱都有一个交代。

另外，父母还需要联合起来，坚定不移地执行"定时定额"制。在固定的时间给孩子固定数额的零花钱，不能轻易对孩子的软磨硬泡做出妥协和让步。否则，这个政策就无法发挥出本来的意义了。有不少孩子都是这样，他们刚开始的时候会在最初的几天内就把一段时间内所有的零花钱都花光，然后巴巴地瞪着小眼儿去父母那里撒娇耍横，当这种做法得手之后，他们之后还会这么做的。所以说，父母首先要把住关，要让孩子养成控制消费的好习惯，决不能在孩提时代就学会"寅吃卯粮"。

**2. 额外消费靠打工和拉赞助。**

如果孩子在已经领到零花钱之后，仍然因为一些计划外消费而向父母伸手要钱，那就需要父母谨慎对待了。比如孩子这个月已经领到额定500元的零花钱，但是他想买一双运动鞋，需要再向父母要600元。父母当然不能要多少给多少，可以适当赞助一半或五分之三。剩下的钱，就要靠孩子自己打工挣了。

**3. 节日收入要合理处置**

现在的孩子，在过生日、六一儿童节、过春节的时候，都会得到一笔可观的收入。那么这笔钱必须拿出百分之八十交由父母暂为保管，这是为了防止孩子挥霍无度。

**4. 根据孩子的年龄，适度增加零花钱的额度。**

这是一条很人性化的政策，因为不同年龄段的孩子，其消费需求会呈一个逐年递增的趋势，这是很正常的，父母也应给予支持。

例如西方很多国家的父母，在孩子未满十岁之前，一般不会给孩子零花钱，或是给的很少。因为这个时候的孩子对消费还没有明晰的概念，还不太会支配手中的金钱。而年满10岁后就可以开始每月适度给孩子一定数额的零花钱了，但最好不宜超过20元。13至14岁的孩子稍有增多，增加到40元为宜。到了15至16岁，家长这时就显得稍微大方一些，增加到一百元。

但具体操作起来，父母还是要根据当地物价水准和自家消费能力来决定具体的数额。

现在的关键问题是，很多父母都对零花钱的分配没有一个系统的概念。

某中学班主任老师说，她曾为此进行过专门的教育，希望学生们节约，并禁止同学间互相请客过生日，可收效甚微，学生们还认为她太不考虑现实情况。对于是否该给儿子零花钱，很多心软的母亲都非常矛盾，她们认为"我的孩子三天两头总是问我要零花钱，给吧怕他养成不好的习惯，不给又怕亏了孩子，真的很为难。"有的父亲则是"豪爽"得很，对自己的女儿索要零花钱几乎是有求必应。总觉得孩子要10块，自己必须给50块心里才算踏实。

家长们普遍认为，现在条件好了，不能再让孩子像自己小时候那样吃苦，因此，缺什么也不能缺孩子的零花钱。目前的现实情况是，多数中学生家长由于自己曾经历过较艰苦的岁月，因此自然产生"再苦不能苦孩子"的思想，但同时他们也承认，零花钱多给不好。

有教育专家指出，家长要正确引导消费方向，要教育孩子，不能随便乱花一分钱。另外，需要注意的是，家长给钱要有度，最重要的是不能超过孩子在这个年龄的支配能力。首先要教育学生如何做人，对学生的人生观、价值观做良好引导。

## 教孩子理财方法，胜过留金山

在探讨孩子理财方法这个话题之前，我们不妨先来看看几位世界顶级富豪们，是如何处理留给子女遗产的问题的。

世界前首富比尔·盖茨，个人财产总额：580亿美元。

比尔·盖茨在多次接受媒体采访时都做出声明，将要把自己的巨额遗产返还给社会，用于慈善事业，而只给三个子女继承区区1千万美金。

比尔·盖茨认为，拥有很多不劳而获的财富，对于一个站在人生起跑点的子女来说并不是件好事，他觉得子女的人生和潜力应和出身的富贵和贫寒无关。他承诺把资产移交至"比尔和梅琳达•盖茨基金会"账户名下。基金会2000年由盖茨夫妇创立,致力于在全球推广卫生和教育项目,时下已经成为美国规模最大的民间慈善机构。

股神沃伦•巴菲特,个人财产总额:305亿美元。

巴菲特夫妇共有三个子女,但没有一个能继承这对老夫妇的一美分遗产。巴菲特相信大量的遗产只能宠坏了他们的孩子。巴菲特说,那种认为娘胎投对了,就可以衣食无忧的想法是错的,那不符合他心目中的公平观念。就好比2000年奥运会金牌得主的儿子理所当然可以成为2020年奥运会选手一样,显得荒谬。

很多富人都希望自己的孩子自强自立,鄙视不劳而获。他的儿子彼得•巴菲特如今已事业有成,他在接受采访时,也反复声明:"也许我符合富二代的条件,但我不是,我和所有年轻人一样自食其力。"彼得说:"小时候我走着上学,没有车接车送。"从斯坦福大学毕业后,第一次张口向父亲借钱便遭拒绝,巴菲特说:"你得自己去筹措资金,筹不到的最后10%,我再给你支票。"

而巴菲特的长子,长大后选择去非洲的农场当了农民。

没有理财能力的危害性:曾经有美国经济学家所做的一项调查证实了"继承巨额财产会毁掉一个人"的猜想。调查发现,继承财产超过1千万美元的人之中,竟然有20%的人不再工作,有的整天沉湎于吃喝玩乐,直至倾家荡产;有的则出现精神问题,违法犯罪。

这样的说法是危言耸听吗?当然不是,英国一个男子的真实经历,就是最好的佐证。

有一位名叫迈克尔•卡罗尔的英国男子,他一直没有工作,全靠捡垃圾为生。可能是上天看其太可怜,所以决定"照顾"他一下。在2002年,迈克尔•卡罗尔中了大约相当于1亿元人民币的彩票。有了这笔横财之后,迈克尔便开始过着挥霍无度的豪奢生活,他买豪宅、赌博、吸毒,可以说挥金如土。在2003年底的时候,卡罗尔每天要吸食约2万人民币的可卡因,还经常在自己的豪宅里面开设毒品party。

他的妻子由于不能忍受这样的生活便带着女儿离开了他。

但是卡罗尔却死不悔改,还到处赌博、乱投资和借给亲戚朋友们等。

在卡罗尔这种严重透支的生活方式下,到了2008年的时候,他就只剩下约500万人民币,于是便卖掉了价值400多万的多辆豪华汽车。但是这些钱对于当时的卡罗尔来说,已经完全不够用了。在2010年2月的时候,正式宣布破产。现在靠每个月领取约相当于400元左右人民币的救济金生活,重操旧业之后,卡罗尔又出现在了垃圾堆中间。

这不是故事,而是真实发生的事情。这在常人看来是无法理解的,那么多的钱,仅仅是存在银行里吃利息,也是不至于山穷水尽的呀!但世界上就是有这种不可理喻的蠢人,理财白痴。

如果您不想在自己的子女身上,也发生类似迈克尔•卡罗尔的事情,那就请立即教孩子一些基本的理财能力吧。

从孩子三岁开始,就要教其能够辨认硬币和纸币;

4岁之后,就要清楚地知道钱币上的额度和意义,即金钱的购买能力和局限性;

5岁时,孩子要知道怎么花钱,即"一分钱、一分货";

7岁的孩子,父母必须要让他明白钱是怎么来的,以及钱币的计算和统计方法;

8岁的孩子,就该到了明白"储蓄"概念的阶段,这时候父母还要让孩子明白通过做额外工作赚钱,知道把钱存到储蓄账户或存钱罐里;

9岁能制定简单的一周开销计划,购物时知道比较价格;

10岁时懂得每周节省一点钱,以备大笔开销时使用。

在孩提时代,父母就要通过各种方法,让他们学会管理和支配自己的金钱,还要学会如何控制消费欲。这种基础理财能力,会让孩子受用一生。

**Step5：别让孩子成为金钱的奴隶**

支招1：教孩子"认识"钱

比如五角的硬币虽然金灿灿，但个头比银色的一元硬币小，而且也不如它值钱；凑齐20个1元硬币，就可以换来你喜欢的那个小布熊；其实除了买玩具，你也可以把硬币存到小动物存钱罐中，做更有意思的事，等等。

## 3招搞定孩子理财

支招2：帮孩子"赚到"钱

帮助孩子"开源"，不仅是要他们切身体会到"赚钱"的滋味，更要让孩子从获取收入的过程中，初步了解到财富流转的规则。家长们可以通过一些简单的方法，帮孩子赚到人生第一份"工钱"。

支招3：带孩子去"投资"

现在很多银行都推出了"儿童账户"，父母可协助孩子办理一些基础的金融业务，孩子看到自己是账户的主人，又亲手完成了一系列"金钱进出"业务，会有一种非常奇妙的体验。信贷知识也可适时传输给孩子，当他有大宗支出时，不妨"贷款"给他买想要的物品，但是要求他按月从零花钱中抽出一部分偿还"分期贷款"。

# Part 3
# 引导孩子成为情绪的主人

　　不知从什么时候起,家里那个曾经最可爱、最惹人怜的乖宝宝,变得越来越像个火药桶。暴躁的脾气、冲动的性格、悲观的情绪,这些小家伙比之前更加多愁善感,让不少家长感叹,孩子真的长大了,不过也更难管了。

# Step1：别纵容孩子随便发脾气

## Test：你的孩子在家是不是说一不二？

您的孩子是不是家里的"小霸王"，是不是向来说一不二？

现在有很多家庭对孩子表现出来的损人利己、蛮横霸道行为非但不加以制止，反而觉得孩子聪明、有趣、胆大，这无疑助长了孩子的蛮横行为。等意识到问题的严重性时，已经积重难返。这些蛮横的孩子表现为经常按自己的意志行事，通常都是说一不二，而且蛮不讲理、横行霸道、恃强凌弱，如有不顺就撒泼打闹。

说一不二之——挑食不吃饭

爸爸辛苦一天之后，都不能决定晚上吃什么，因为晚饭菜色的决定权永远掌握在孩子的手中。孩子说吃清蒸鱼，妈妈就不敢红烧；孩子说吃凉拌菜，妈妈就不敢热炒；孩子说去吃"××基"，妈妈就不敢说"××劳"。

如果饭桌上的哪一样菜孩子不爱吃，或者表示出不想吃的意思，妈妈就要马上将这道菜撤掉或是重做其他菜，俨然是家中的"小皇帝"。

说一不二之——霸占所有东西

这类孩子会在家庭范围内，将所有物品都署上自己的标签，将所有物品都附上个人属性。在生活中我们也经常能听到孩子在大声喊叫"我的电视！"、"我的冰箱！"、"我的玩具！"、"我的电脑！"之类的话语。

说一不二之——索取无度

无论是衣食住行还是吃喝玩乐，只要是孩子看上的，就会大声向父母索要。如果得不到满足，就会满地撒泼打滚，同时嚎哭大叫，直到父母做出妥协，孩子才会破涕为笑。即便在父母那里得不到满足，他们也会到爷爷奶奶、姥姥姥爷那里继续"努力"。

康康是家里的小霸王，只要他看上并喜欢的东西，那就毫无疑问都是他的，如果

别人稍有染指，他就非常不满意，同时还要大声叫嚷："这是我的！"以此向别人发出警告。如果别人乖乖退缩或离开，他就会更加得意洋洋；而一旦别人不理会他的警告，那么他就会马上使出他的杀手锏——大哭大闹，闹到你屈服为止。这样的"霸王戏"天天在康康家上演。

奶奶刚买菜回来，想在沙发上歇一会，屁股还没挨着沙发，坐在上面看电视的康康立刻大叫起来："不许坐我的沙发！"奶奶可不敢惹他，只好叹着气远离沙发。

妈妈下班回来，就那么偷偷地瞄了一眼电视，康康又叫了起来："我的电视，不让你看！"

还有一次楼下的小妹妹上来玩，可是霸道的康康宣称这些玩具都是他的，不让人家碰，弄得小妹妹只能悻悻地走了。

然而，这只是一个方面，近日康康的父母就经常接到幼儿园老师的电话，老师向其父母反映，康康对自己喜欢的玩具，或是想玩的游戏，表达方式很简单，从来不用说，直接上手。抢、掐、踢、推……，并且出手特别快，一两下就让小同伴负伤退场，弄得幼儿园老师常常打电话给康康父母。

诸如此类的事情，在康康身上经常发生。他的父母一直很纳闷，不知道孩子从何时开始变成这样的，也不知道是谁教的。康康现在成了小区里和班级里最不受欢迎的小孩，而他本人似乎还没有意识到这个问题的严重性，依然我行我素。

父母可以参照上述实例来对照自己的孩子，看看他在家里是否也是说一不二的小霸王。那么我们的父母该如何看待这个问题呢？

其实，孩子身上所体现的说一不二的小霸王式行为，是很正常的现象。这可以说是成长阶段必须经历的过程，孩子的这种行为，说明他的认知能力已经上升到了一个高度。

首先，他清楚地知道了"我"这个概念；其次，他已经能够主动地对自己所钟爱的物品赋予特有属性，即我喜欢的就都是我的。这是很正常的思维。

但是，这种说一不二的性格一旦脱离了家庭的呵护范围，就会让孩子受到无情的打击，因为，并非是所有人都会不跟他计较。

所以，父母就需要对孩子的这些霸道行为和思想进行矫正。

Step1:别纵容孩子随便发脾气

## Why:愤怒让人失去理智

孩子爱发脾气,是几乎每位家长在孩子成长过程中都会遇到的难题。

许多父母都反映,他们的孩子简直像个火药桶,一点就着。而且这类孩子嗓门奇大,家里简直就像有一个会行走的火车汽笛。正是发怒时的不理智,容易令一个人失去他人的信任,朋友间的友谊。

有一次到商场去买东西,看到一个小女孩两腿乱蹬、双手乱舞,躺在地上大声哭喊,在她的身边却没有任何人。有一个巡警担心这孩子是走丢了,便走到她身边把她抱了起来,问她爸爸、妈妈在哪里。这个时候,小女孩的爸爸急忙走了过来。他告诉这个好心的警察说,小女孩又在公共场所乱发脾气,所以他假装不要她了,偷偷地藏在一边,希望孩子能够自己止住哭声。

警察听到缘由又好气又好笑,对他说:"你这一招啊,一般都不会管用,只会把事情弄得更糟,而且还可能给自己带来麻烦。因为在很多国家里,把孩子留在公共场所而不加监护,说不定会被人告上法庭,得个'忽视罪'呢。"

不过在现实生活中,几乎每一个家长都曾经遇到过类似的尴尬事。带着孩子去商场,孩子看上了一个玩具,只要是听说妈妈不给自己买,孩子立刻躺在地上大声哭闹,招来过路人的侧目;带孩子去参加同学间的生日聚会,孩子因为对分给自己的那一块蛋糕不满意而大发脾气,搅得宾主不安;或者是带孩子去饭店吃饭,刚刚把菜点好,孩子就高声吵闹要回家,怎么哄也哄不好。开始发脾气的孩子,往往会像失去理智一般,进而让父母觉得不可理喻。

愤怒,是一个人的愿望不能实现或为达到目的的行动受到挫折时引起的一种紧张而不愉快的情绪。愤怒被看作一种原始的、本能的情绪,它不需要学习,是一种内在情感的外在体现。

首先可以肯定的是,愤怒,确实会让人失去理智,它也是人类一种很正常、很普通的情感表现,和年龄、性别都无关。

在人从小到大的成长过程中,愤怒这种情感表现很早就会出现。据研究显示,出生3个月的婴儿就有愤怒的表现。限制婴儿探索外界环境能引起愤怒,例

如，当有人强行约束婴儿身体的活动，强制婴儿睡觉，限制他的活动范围，不给他玩弄玩具等，均可引起他的愤怒。当幼儿的目的性行动受到阻挠或威胁时，就能唤起愤怒情绪。幼儿愤怒的表现形式有哭、手臂挥舞、小脚乱蹬等。

而随着年龄的增长以及心智的成熟，儿童有了更多表达愤怒的方式，例如言辞激烈的争吵。愤怒的程度有不同阶段，从轻微不满、怒、激愤到大怒等。愤怒的强度和表现与人的自我修养有密切关系。

在孩子的童年时代，发脾气当然不会被人在意，但当次数多了之后，自然不会再得到别人的原谅，并且会被贴上暴力倾向的表情，被更多的人孤立和疏远。那么，这种易怒的脾性是如何养成的呢？其主要原因，是孩子过度以自我为中心。

小孩子一般在很早的时候就已经形成了以自我为中心的意识，这种意识刚刚形成后的一段时间内会异常强烈和鲜明，但是随着年龄的增长，孩子会渐渐懂事，也就会渐渐削弱以自我为中心的意识。

但有时候这个过渡却不会进行的那么顺利，有的孩子还是有着强烈的以自我为中心的意识。他们虽然能够分清自己和他人，但是对于他人的观点很难接受，这样的孩子不能从别人的观点和角度思考问题，只能以自己的利益是否受损作为衡量是非的唯一标准，这就成了他们极易表现愤怒的问题根源。

我们怎样来改变孩子易怒的脾性呢？答案是强化孩子的社交能力。

强化社交能力的作用是为了让孩子明白他已不再只是受家人保护的小金疙瘩了，他的身份既是社会小公民，又是学生，又是家庭的一分子。引导和帮助孩子完善他的社会属性，让孩子能够倾听爸爸妈妈的意见；愿意和同伴一起玩，能够分享自己的玩具；能够体会别人的情绪，有同情心。

## 教个方法引导孩子发泄情绪

小孩子爱发脾气是众所周知的，但这并不意味着做父母的就可以置之不理。每个人都应该是自己情绪的主人，如果能从小就进行专门的训练，那就再好不过了。

控制情绪的重要步骤是要学会如何发泄情绪，其方法有很多种，每个人都可以根据自己的实际情况来选择适当的发泄途径。孩子因为年龄还小，所以就需要父

母在旁进行监督和引导，以帮助孩子建立健康、正确的情绪发泄方式。

1. 多参加体育锻炼

体育运动过程中，人们在得到肢体锻炼的同时，还会得到情绪上的发泄。相信孩子们在满头大汗、筋疲力尽之后，很难再发脾气。

带孩子爬山登高，在最高点大声朗诵诗歌，或是大声喊叫，发泄心中的郁气。心旷神怡的壮丽美景，会让孩子顿感心胸开阔，所有的心结也都随之云消雾散。

也可以在想发泄情绪时，去参加自己最擅长的体育运动，比如羽毛球、网球、篮球等。当孩子在擅长的运动里得心应手时，心中的情绪便会得到宣泄和转移。

运动中，心肺的舒张会让人吸进更多氧气，保持一个清醒的头脑。

在国外，很多国家都有运动消气中心之类的机构，里面专门有专业教练指导，教人如何大喊大叫、扭毛巾、打枕头、捶沙发等，做一种运动量颇大的"减压消气操"。在这些运动中心，上下左右皆铺满了海绵，任人摸爬滚打，尽情发泄。

当然，在利用各类运动方式来发泄自己的情绪时，应该注意时间、地点、方式、方法，以不影响别人和不危害自己为基本原则。

例如：用喊叫的方式来发泄情绪时，不仅要找别人听不见喊叫声的地方，还要注意别太拼命地喊叫，以免损伤自己的声带。

除此之外，还可以把导致不良情绪的人和事写在纸上，想怎样写就怎样写，毫不掩饰地写，痛快淋漓地写，写完之后一撕了之。在这个过程之中，情绪就已经得到了宣泄，这是比较安全又有效的做法。

2. 引导孩子转移注意力

这是一个很好的"制怒"方法，在孩子已经产生发怒的苗头，即将要开始发怒的时候，家长采用一些特别方法来转移孩子的注意力。

方法一：所有人突然完全不理孩子。孩子发怒的种种不可理喻的行为，都是为了吸引大人的关注，来让大人对自己的意志进行妥协。我们的父母不妨试一下"不理睬"策略，当孩子生气准备发怒时，所有家庭成员都立刻各做各自的事情。无论孩子发多大火，都不要理他。过一会儿，当孩子发现周围人都无视他的存在时，就会停止发怒，进而去关注其他人正在做的都是什么事情。

方法二：在孩子面前变一个小魔术。作为父母，最好通过一些视频或教材，掌握一两个简单的小魔术。当孩子准备发怒时，在他面前展示奇迹发生的过程，保证这个小魔鬼肯定会停止嚎哭，转而关心您手里的魔术。

### 3.找小伙伴倾诉

父母应告诉孩子，朋友和伙伴的作用之一，就是聆听别人的倾诉。引导孩子在想要发怒的时候去找伙伴倾诉自己的烦心事。也可以把自己的玩具熊作为倾诉对象，来合理发泄自己的情绪。把心中的委屈、压抑、担心、焦虑统统说出来，去说给那些愿意倾听，并且真心实意帮助自己的伙伴和小朋友，或者给他们写一封信，只有吐露那些让自己心烦的事，才能感到踏实。

### 4.让孩子听听长辈们的故事

其实孩子的那些烦心事儿根本就不值得生气，如果和父辈们当年所遇到的困难相比，简直就不值一提。让孩子多听听父辈那一代所受过的苦难，相信他慢慢就不会有那么大火气了。

### 5.唱歌

在不影响他人休息的情况下，通过大声唱歌来发泄情绪，也是个比较不错的选择。唱几首自己最喜爱的歌曲，音乐会让人情绪得到很好的放松。

## 三思而后行

如何让孩子能够更早地学会说话办事三思而后行，是很多父母的期望。在如何做到这一点上，很多父母虽然也苦口婆心，但始终找不到系统的解决方案。

Step1:别纵容孩子随便发脾气

1. 家庭环境的影响

　　易怒型性格，有一部分是遗传因素造成，但更多的是后天父母对孩子施加的影响。当然，这种影响是无意间施加的。孩子从诞生到这个世界上那一刻起，就开始不停地观摩父母的行为，然后进行模仿。如果父母在日常生活中，经常因为一点琐碎小事就大吵特吵，孩子都会看到眼里。之后他们也会按照这个方式来处理矛盾和问题。

　　父母双方在有了孩子之后，就应该共同努力，营造出一个思考型、冷静型的家庭氛围。当夫妻之间有矛盾或争执时，都要克制情绪，向孩子展示如何用心平气和的方式来解决问题。当然，这需要长时间的锻炼和有意识的控制，但只要能给孩子树立一个好榜样，再辛苦也是值得的。

2. 冷处理法

　　在孩子生气的时候，所有人都不要理他，让他一个人在屋里单独待一会儿。这属于冷处理法，因为以往的经验告诉我们，孩子发脾气的原因之一就是为了将父母吸引过来安慰自己。实际上冷处理法和隔离法比较接近，目的都是为了让孩子在更短时间内冷静下来。

　　曾经有一所实验小学在上英语课时，孩子们都很感兴趣地认真听着课，做着对话练习。但此时有一个比较调皮小男孩注意力不集中，眼睛左顾右盼，并且时不时动手碰旁边的孩子，使这个孩子也无法认真地听课，两个人眼看要闹起来。老师看见后，走到这个捣蛋的男孩身旁，注视着他，用平静而又严肃的口吻说："请你起立，到教室后面的空位去坐5分钟。"5分钟后，这个男孩回到了自己的座位，不再打扰他人，而且自己也把心思放到课堂内容上了。

　　这种做法在国际上也是比较流行的，被外国老师称为"Time-Out"，这本来是体育比赛时所用的惩罚手段之一，最后被用到教育孩子上来，是一种能够让孩子冷静下来思考问题的非暴力手段，可以说是百试百灵。因为那种孤立感会让孩子感到十分不舒服，不得不冷静下来反思自己的行为。就是这短短5分钟环境的改变，让孩子的行为立即得到了改善。这就是备受推崇的"暂时隔离法"。这种方法是由一位美国心理学教授应用于儿童教育,对处理2-12岁孩子的不良行为颇为有效。为保证效果明显,需要熟悉相关的操作流程。

"暂时隔离法"步骤:

步骤一:当孩子出现情绪不稳定的时候,比如开始准备发怒的时候,父母首先要与孩子保持目光的接触,表情严肃但不必严厉。

步骤二:用10个字以内的句子简单地告诉孩子他必须被"冷处理"的原因,并即刻付诸实施。

步骤三:把孩子送到隔离地点——卫生间、储藏室等安全但无聊的地方。需要注意的是,一定记得要把灯打开,或者里面放点音乐,以预防孩子患上幽闭空间恐惧症。

步骤四:既然决定要这样做,父母就不能轻易妥协,也不能在乎孩子的哀号和求饶。隔离结束后再要求孩子说出他被隔离的原因就行了,不必要求他认错,表现出家长对孩子"面子"的尊重。

## 2. 教会孩子深呼吸

首先,如果可以的话,父母应该教会孩子在想发怒的那一刻,做一个缓慢且彻底的深呼吸。可别小看这个深呼吸,它能够让孩子吸入大量氧气,而大脑获得充分氧气供应之后,就能以更高的工作效率来冷静分析问题,这样就能间接防止孩子被愤怒冲昏了头脑。平静下来之后,孩子才能进行冷静思考。

## 3. 我们一起来数数

当孩子想生气时,教他慢慢地从1数到10。这样一个过程,其实是一种"情绪冷处理法",即让处在高温状态的情绪在数数时慢慢降温。情绪温度降下来之后,孩子才能变得理智,做到三思而后行。

## 4. 橡皮筋刺激法

　　给孩子的手腕套上一个橡皮筋,让他在想发怒的时候拉动橡皮筋,之后松手,橡皮筋肯定会弹得手腕生疼。这样就会提醒孩子要注意冷静,连着四次,每次都问自己一个问题。

①为什么要生气?
②别人的感受就不重要吗?
③发脾气就能解决问题吗?
④我是否能想到更好的解决方法。

　　通过自己在心中问自己这四个问题,然后逐个找出答案,而一旦其中哪怕有一个问题能找到答案,那么我就不该发怒。

**Step1：别纵容孩子随便发脾气**

步骤1：肯定

具体做法：直截了当地说出你看到的在孩子脸上流露出的情绪。

例如："宝贝，我看到你很伤心的样子，告诉我发生了什么事？"或者，"你看起来不太高兴，什么事让你生气呀？"作为处理情绪的第一步，"肯定"的意义是向孩子表达："我注意到你有这个情绪，并且我接受有这个情绪的你。"

## 孩子会情绪控制 步步搞定

步骤2：分享

原则：先处理情绪，后处理事情。

具体做法：帮助孩子去捕捉内心的情绪。

例如："那让你觉得担心，对吗？"或者"你觉得被人冤枉了，很愤怒，是吗？"

步骤3：设范

比如孩子受挫后打人、骂人或摔玩具，在了解这些行为背后的情绪并帮他描述感觉后，你应当使孩子明白，某些行为是不合适的，而且是不被容忍的。

例："你对亮亮拿走你的游戏机很生气，妈妈明白你的感觉。但是你打他就不对了。你想，你打了他，现在他也想打你，以后你俩就不能做朋友了，对吗？"

# Step2:别让孩子沉沦悲观情绪

## Test:谁偷走了孩子的快乐?

曾经有那么一段时间,您可能会发现,自己的孩子会突然间变得有些"悲观"。不见了往日天真烂漫的笑容,只看见他整天闷闷不乐一脸愁容,到底是谁偷走了孩子的快乐?

### 父母的争吵

最近,三年级的成成一反常态,突然不想去上学了,家长问他原因,他说同学欺负他,跟老师说了,老师也不管。开始家长没有太重视,只是生拉硬拽着成成去学校,可是后来成成说什么也不去了。无奈之下,成成和爸爸妈妈达成一个协议,让他去上学也行,但必须由家长陪同。

可是爸爸妈妈要上班,这个任务就只好落在奶奶的身上,已经有十来天是奶奶陪着成成一起去上课的。小海的爸爸妈妈觉得这样下去不行,只好求助于教育专家。

专家了解了情况后,决定和成成单独交流。

既然成成说受同学欺负,专家就从学校问起,问成成在哪个学校上学,老师好不好,和同学们相处得怎么样。结果,成成的话大大出乎专家的意料,他从凳子上站起来,凑到她面前小声说:"阿姨,我说这话不能让他们听见。"

"没关系,爸爸妈妈在另一个房间,听不见。"

成成放松了,然后说:"老师和同学都挺好的。"

"那爸爸妈妈好吗?"

成成犹豫了一下说:"还行。"

"那爸爸好还是妈妈好?"

成成不说话了。

"那你说说他们哪儿好哪儿不好。"

停了一会儿,成成打开了话匣子,他说:"爸爸妈妈总打架,一打起来就摔东西,我经常给他们扫摔碎的东西。有时候我收拾完他们还接着摔。有几次爸爸从厨房拿出刀往桌子上一砍,我把刀拿下去以后,在桌子上留下了一道深深的印痕。""他

们是偶尔打一次架吗?""不是,经常打。我爸爸很少跟我妈妈说话。""他们打架你怎么办?""我也不知道怎么办,我心里害怕极了。"

### 夫妻离异

尤其是对于那些在童年时期就失去父亲的孩子,他们更容易变得消极和悲观。对此,连美国总统都深有体会。

在一次美国父亲节上,总统贝拉克·奥巴马并没有一如既往地歌颂伟大的父爱,而是给黑人父亲们上了一课。奥巴马坦言单亲家庭环境曾对自己构成伤害,呼吁那些"缺席"的黑人男子履行父亲义务、给孩子更多关爱。对于黑人社会存在的一些痼疾,那些"缺席"父亲究竟负有多大责任?

奥巴马说,如今在美国,"超过一半的黑人儿童生活在单亲家庭",这一数字比他的童年时代高出一倍。"(黑人社会)有太多父亲失踪,有太多父亲未尽到父亲责任,"他说,"他们不负责任,行为举止就像个男孩,而不是个男人。我们家庭的根基因此遭到削弱。"奥巴马这番话引得台下不少听众齐声低语附和。奥巴马的妻子米歇尔带着女儿马莉娅、萨莎坐在听众席前排。在她们的陪伴下,奥巴马讲出其他人通常不敢公开讲的话。

奥巴马所以对此深有感触,是因为他也有同样的童年遭遇。提起单亲家庭给自己的伤害,他说:"我了解没有父亲让我付出了怎样的代价,了解没有成年男子为你指引人生会给你造成怎样的心灵创伤。""我们需要家庭抚养孩子,"奥巴马说,"我们需要父亲认识到,责任不仅仅是一个概念……有能力生孩子不能使你成为男人……也不能使你成为父亲。只有具备抚养孩子的勇气,你才能成为父亲。"

对奥巴马出身稍有关注的人都知道,奥巴马的父亲是肯尼亚人,母亲是美国一名白人女教师。他们的这段婚姻没维持多久。童年的心灵创伤让奥巴马久久不能释怀,他也曾经很叛逆,逃课打架,甚至吸毒,几乎是无恶不作。现在,他说:"我在多年前就下定决心打破这个恶性循环——如果我今生能干出一些事情,那我同样能做个好父亲。"

可事实上当上总统的奥巴马也不得不承认,自己并不是一个完美的父亲。以前他是为密集的竞选活动而无暇顾及家庭,现在,他成了国家的总统,更是鲜有时间陪伴两个女儿。他对此十分内疚地说:"我明白自己过去犯过错误,今后还会犯更多错误。我希望今后会比现在有更多时间在家陪伴妻女。"

当然,造成孩子情绪悲观的原因不止上述两种,而我们的父母就需要多花一些时间来观察孩子,和他沟通,打开他的心扉。

## Why:走进孩子悲观情绪的背后

孩子的悲观情绪背后,究竟隐藏着多少从未向外人倾诉的酸楚和心痛。在看似风平浪静的家庭氛围中,是否有很多因素,都是造成孩子悲观的内在原因,让我们一起来分析。

关于父母吵架

孩子的内心世界是很单纯和倾向于美好和乐观的,当父母吵架时,孩子的第一反应是无所适从和茫然失措。因为,孩子无法理解之前还相敬如宾、举案齐眉的爸爸和妈妈,现在怎么会突然间恶语相向,以恶劣的言辞对对方进行人身攻击,甚至还大打出手,摔得盘子碟子满天飞。

吵架过程中夫妻因为情绪激动而失口说出的话,有很多对孩子都有很大伤害。

例如:"你个××蛋!"、"不过了!"、"明天就去离婚!"、"我怎么嫁给你这么个人!"、"你当初怎样怎样!"

这种争吵,会让在一旁观战的孩子产生一种"被遗弃感",他会以为父母吵完架后,这个家庭真的就会散架,到时候就没有人要他了。

具有讽刺意味的是,父母在吵架之后很快就会和好如初,他们竟然"天真"地以为,之前吵架的血腥一幕,会被孩子忘得干干净净。孩子不会那么健忘,心灵

上受到的创伤，会烙下深深的印记，甚至会跟随他们一生。

孩子的成长，离不开成人的精心呵护。要使孩子身心健康地发展，必须有一个和谐的家庭环境。当然，父母间即使有矛盾冲突也应避开孩子冷静解决，以免孩子受到负面影响，在孩子幼小的心灵上蒙上阴影，更不能把孩子作为自己与对方较量的盾牌或攻击对方的工具，让不懂事的孩子卷入大人的争吵之中。

工作忙，绝对不是借口

大约在2000年的时候，小刘从甘肃老家来到西安，开始在市区某电子城做生意。经过多年的奋斗后，他们夫妻二人在市里买了房还有了车，孩子也上了小学二年级。出于节省生意成本的考虑，小两口一直没有雇人，始终轮流站柜台。由于本地没有亲戚、朋友，孩子也是由自己照顾，而到了女儿放暑假时，两人只能将孩子带到做生意的商场。不过到了商场女儿就到处乱跑，加之商场里人员复杂，夫妻俩开始担心女儿的安全。后来二人决定，把孩子一个人锁在家里。可平常就好动的孩子不肯在家待着。小刘这当爹的可真有注意，他竟然以每天给10元钱作为奖励来让女儿同意独自在家待着。可前3天孩子还勉强听话，没过几天孩子就又吵又闹。夫妻俩只好再买了许多的卡通片，强行将孩子独自锁在家中。

这夫妻二人身在生意场，可仍然心系家中女儿的情况。为了解孩子每天在家中的所有细节，他把自己柜台销售的摄像头，悄悄地安装到家里"监控"孩子的生活。据小刘讲，从监控系统里他看到，孩子每天在各屋间流窜，一会儿到窗台瞅瞅，一会儿打开电视边看动画片边吃薯片，一会儿抱着洋娃娃在屋里乱踢，一会儿到鱼缸前看游来游去的鱼儿……

小刘在柜台上的屏幕看到女儿在家里的这些行为，心里不知怎么回事，就有一种酸酸的感觉涌上来。他觉得孩子漫无目的地在家里跑来跑去，没有伙伴没人陪伴，确实挺可怜的。而自己当年在老家的童年，可真是无拘无束，想怎么玩儿就怎么玩儿。可现在自己虽然生意成功了，怎么就把好端端的活泼可爱的女儿，变成了笼子里的金丝雀了呢？

试问一下，上述家长小刘的女儿，长期在那种环境下成长，怎么会不悲观

呢？

父母总是有理由的，他们有的是为了事业、有的是为了赚钱、有的是为了自己的梦想，有的还说是在外面拼命是为了让孩子过得好一些。可他们的思路似乎有些南辕北辙，孩子就在那里，就在恰恰最需要关爱的成长阶段，怎么就没有人去和他们交心和沟通呢。

只要父母能够成功打开孩子心扉，就能知道悲观情绪的背后，孩子究竟有着怎样不为人知的"心结"，可以肯定的是，这个心结绝对不是什么鸡毛蒜皮的小事儿。说不定，父母无意间已经做了很多伤害孩子情感的事情，而他们却丝毫没有察觉。

## 给悲观插上翅膀，化悲痛为力量

导致孩子悲观情绪的主因有很多种，而情绪悲观消极，其实就是这些主因的外在表现。也就是说，孩子心里有痛楚，有心结，但是出于自我保护的机制，他会把这个心结藏在内心最深处包裹起来，但他毕竟没有心机，所以还是无法掩盖外在的悲观与消极。

对于多数家长来说，大部分的主因如果找到的话，基本都能够通过促膝长谈来解开孩子的心结。但有些主因，即便是找出来，也还是很难给孩子作出很好的解释。例如，夫妻的离异、亲人的离世，等等。

天天从小由爷爷带大，他很崇拜爷爷，老爱缠着爷爷让其讲当年的故事。所以天天学校里一直都是个比较"早熟"的小小男子汉，为人热情且乐于助人，因此很多同学也都很愿意和他玩。

不过自打爷爷生病住院，天天就一直情绪低落，看着爷爷不会说话，不会自己吃饭，只是不停地输着液体，天天很害怕。他问妈妈："爷爷会不会死？"妈妈告诉他，医生会有办法给爷爷治好病的，爷爷会慢慢恢复健康的。

可妈妈的这些话并没有消除天天内心的疑问和恐惧，因为他感觉这明显就是安慰他的话。在接下来的日子里，天天每天晚上都会从梦中惊醒，哭着喊"不要不要"，妈妈问怎么回事，他却不说，只说害怕。天天变得不像以前那样积极活泼

了，经常会问妈妈："爷爷死了怎么办，妈妈死了怎么办，我死了怎么办？"

一次，小伙伴们在老师的带领下去植物园，老师告诉小朋友"大树也是有年龄的，只要我们看它的年轮就知道了。因为大树每过一年就会长大一圈，而我们小朋友也就会长大一岁"。可天天却躲在墙角哭，老师问他原因，他说："我不想长大，爷爷长大了会死，我长大也会死的。"老师告诉他："人长大了不会那么容易死，你看，小动物要长大，小树苗也会长成大树，小孩子总是要长成大人的。但是生老病死是正常现象。小草到冬天就会枯死；冬天树上的树叶是要掉光的。"天天似懂非懂地点点头。

过了一个月，天天不太关注爷爷生病这件事了，也不再问有关死亡的事情了。后来爷爷真的去世了，妈妈很伤心，不光是因为爷爷的离世，也因为她很犯愁能否向天天解释清楚爷爷的死去。

其实，很多家长都遇到过上述问题。谁的家中没有老人，又有哪个老人不心疼孙子、孙女儿，这种亲人之间血浓于水的亲情，是怎样都割不断的。当然，我们也都希望所有的老人都能够健康长寿。但花开花谢、日升日落，本来就是大自然的既定规律。人终究有离开人世的那一天，而我们中国人都很忌讳谈论与死亡有关的事情，这就造成了父母在老人离世时无法和孩子沟通的问题。

很多父母也不愿和孩子谈及死亡这个事情，在老人离世后，他们大多选择回避孩子的询问，一般都会回答说："去天堂了"、"睡着了"、"去远房亲戚家住了"，等等。

事实上，我们并不建议家长采取这种做法。因为对孩子而言，有些事情他必须要明白。如果孩子经历了亲人的死亡事件，作为家长害怕孩子的心理承受不了，可能会有意回避或美化事件，但要遵守一个原则：不要脱离事实。否则很难让孩子相信你，你也很难解开孩子心头的疑云，反而易让孩子产生更多其他的想法。不如正视现实，给孩子以科学合理的解释。

不要总是觉得，一碰到难以解释的事情就暂时撒谎或回避，以为这样等孩子有朝一日长大了就会自己明白的。殊不知，让孩子早一些了解这些不太好说出口的

事情，恰恰是帮助孩子成长的关键环节。引导孩子了解死亡的含义，但不要吓唬他或因此而让他产生恐惧感。正确的做法，是从科普的角度和孩子讨论死亡，以此让他产生对生命的尊敬和珍惜，进而转化为一种对生活积极向上的态度和力量。

除了亲人的离世，还有夫妻的离异也是最不好向孩子解释的事情了。问题的关键就在于，父母向孩子解释这些事情的同时，在无形中给他们灌输一种积极的人生态度。这就等于是给了孩子一种力量，一种在挫折和困难袭来时不会趴下的力量。

## 引导孩子做最坏的打算，往最好处努力

有的人为何经历何种常人难以想象的坎坷和挫折，总是能够积极对待，力争上游。正是因为他们有一种敢做最坏打算，且能够置之死地而后生的惊人毅力和恒心。这些人即便身处最坏的境地，也从未放弃向最好方向努力。也正是因为这个能力，很多人才能从一个失败者，变身成万人景仰的伟人。

有一个男孩，在学校里的成绩很不错，也很热心班级事务。所以这学期竞选班长时，他就决心一定要成功竞选到班长的职务，他对自己历来的表现十分自信，认为班长的位子是十拿九稳了。可当老师宣布投票结果时，他整个人都像掉进了一个冷水缸里，凉透了。从此之后他就一直表现出十分悲观消极的情绪，整日闷闷不乐，对什么事都提不起兴趣。

在和父亲一次谈心中，他终于敞开心扉，这个男孩希望父亲能够给自己一个解释，解释一下为何自己会落选班长。父亲并未直接回答问题，而是给他讲了一个故事：

有一个男孩，出生在一个贫穷的家庭中，父母都靠打猎和种地为生。小男孩很小的时候就知道帮助家里搬柴、提水、做农活等，一家人都拼命努力，以求日子蒸蒸日上。但在他7岁那年，全家被人赶出居住地而不得不迁往更远更荒凉的地方重新垦荒种田。

9岁的时候，男孩挚爱的母亲不幸去世。由于家境贫穷，男孩的受教育程度也

就不高。为了贴补家用,男孩不得不到河上做摆渡工、到种植园做工人,此外他还干过店员和木匠。

20岁之后他只身前往陌生的城市闯荡天下,由于年少无知,和别人做生意失败,赔得个精光还欠下一屁股债。

23岁那年他想去选州议员,结果落选。想去上大学,攻读法学院,结果又因为交不起学费而作罢。24岁那年他又再次去经商,本钱还都是借的,结果很快又破产,欠下一屁股债,这让他用了17年的时间才还清。

25岁时,或许是老天爷实在是看这个年轻人太可怜了,当贫困潦倒的他再次竞选州议员时,居然当选;本以为日子会有起色的他一直在努力着想过得更好,26岁的他喜欢上了一个女孩子并开始交往,但就在筹备婚礼的时候,这个女孩子却死于急病。

当他27岁的时候,他觉得自己孤身一人,几乎快要崩溃,一场大病又让他卧床半年。

29岁的时候,他想要争取成为州议会的发言人,结果遭到无情的拒绝。雪上加霜的是,31岁那年他的州议员参选资格被否定。

37岁的他,终于成功当选国会议员。但在39岁的时候,他却无法获得连任。四十而立的时候,他基本上对政治生涯不抱什么希望了,本以为能够干个土地局长的官职,却没有想到竟然被无情拒绝。

45岁的时候,再次竞选国会议员,结果还是落选。

47岁的时候,这个男人竟然异想天开的想要尝试竞选一下副总统的职位,可最后得到的不足100张选票的结果告诉他,这不过是痴人说梦罢了。又过了一年,这个48岁的半老头子,基本快要泄气了,因为他再度竞选参议员的计划又失败了。

讲到这里,爸爸停了一下,问儿子道:"故事讲到这里,你觉得这个男人还有戏吗?"

儿子叹了一口气说:"唉!我刚才大概统计了一下,这个男人总共经历过至少十一次大的失败。而且他到此已经是48岁了,对于一个男人而言,基本是傍晚6点多夕阳,没什么戏了。"

爸爸听了之后点点头,又继续问儿子说:"那你知道这个男人叫什么吗?"

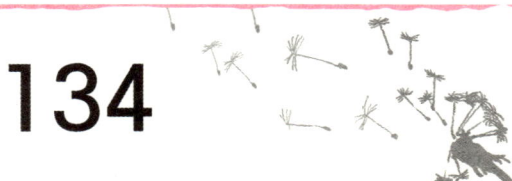

儿子说:"当然不知道,你又没说。"

爸爸很平静地揭晓了答案,他说:"这个失败的48岁老男人,在两年之后,一举当选为美利坚合众国第16任总统,他的名字叫林肯。"

儿子听了之后一脸的惊疑:"不可能,林肯我知道,阅览室里的课外书上只说他是个伟人,还签订了具有重要意义的《解放黑奴宣言》,也没说他的失败经历啊?"

爸爸语重心长地说:"没错,就是这个伟人林肯,他在50岁之前经历了数不清的失败。按道理讲,他是最应该悲观的人,但是他没有。"

父母就需要学学上述故事中那位父亲的做法,告诉孩子那些人们所熟知的成功人士,当年所经历的坎坷和磨难。让孩子明白自己所面临的困难,和别人相比根本不值一提,进而他就会具备厚积薄发的动力和勇气。

## 怎样让悲观的孩子快乐起来

没有人是能够每分每秒都快乐着的。不过，调查数据显示，性格悲观的孩子，相对于乐观开朗的孩子而言，更容易在学业上遭受失败，更容易出现健康问题。但是，作为父母完全有能力改变这一点，帮助孩子看到事物光明的一面。

**每周都计划一些愉快的活动**

例如全家一起在户外散步，或者一起去看一场儿童电影。当孩子感受到来自父母的爱，他们会产生安全感，他们会以积极乐观的态度去对待周围的事物，对待这个世界。

**来和他的预测打个赌**

如果你的孩子和你说："我肯定会在派对上过的一点也不愉快的。"那么这样来回答他："有可能会这样，但也有可能不会这样。你不是很期待看到你的朋友吗？你不是很喜欢在派对上吗？那会非常酷不是吗？"

**扩大他的交际面**

性格悲观的孩子，往往会拒绝外出，或者参加一些诸如学校集体外出之类的场合。所以，父母可以多鼓励孩子外出交际，对孩子说："妈妈希望你去，如果你感到不快，我们再回家。"

Step2:别让孩子沉沦悲观情绪

# Step3: 别让孩子停驻"左右为难"

## Test:你的孩子遇到困难怎么做?

当孩子遇到困难时,会有不同的反应。人的天性就是避开那些困难,所以说要让孩子建立勇敢克服困难的积极态度,这需要父母的长期引导和辅助。

### 有的意志消沉

小军是班里的活跃分子,有一天放学回家他对爸爸抱怨,他们班第一批少先队员17人中没有他。小军认为自己比其他人表现得都要好,考试成绩更是不差,只是那几位同学的家长在学校当老师。他说,他不明白老师为何这么不公平。父亲听了,一时竟找不到回复他的话,只能僵硬地说:"你还表现得不够好,老师既然对你说你是第二批,那你就好好表现吧。"

但小军却从此有些心灰意冷,他认为自己再次当选少先队员会很困难,所以就想放弃,但又有一点不甘心。从此就变得犹犹豫豫,磨磨蹭蹭。

### 有的直接放弃

张女士是位全职太太,由于家庭条件较好,所以在培养孩子兴趣方面投入了不少精力和财力。可无奈自己的孩子无论学什么都是蜻蜓点水地小试一阵,便弃之不学了。唯一坚持得最久的就是钢琴,连续学了将近两年,现在却嚷着曲子越来越难,再也不肯去上钢琴课了。

孩子的爸爸说,既然孩子没有兴趣就别再强迫他了。张女士现在正苦恼于不知如何让孩子重拾这仅存的兴趣。

### 有的难以释怀

郭先生的女儿小婷自入学那天起就比较懂事、爱学习、勤锻炼、有礼貌、乐于助人,深受师生喜爱。上小学这几年来由于各方面表现都不错,一直是班上的"三好学生",她自己也一直生活在快乐之中。但作为孩子的父亲,郭先生一直很担心她女儿稚嫩的心理,可能经受不起任何的挫折和打击。

五年级下学期时,班上评选"三好学生",她本想自己学习成绩名列前茅,体育成绩突出，又是班长，又是老师的左膀右臂，对工作认真负责，可谓品学兼优，今年的"三好学生"非自己莫属。可在班里举行的选举大会上，有几个调皮捣蛋的学生从中作梗，联手不评选她，原因是她平时管他们太严，又不让他们抄别人的作业。评选结果，她以两票之差落选。

此时，她一心的酸楚无法倾诉，感到自己所做的一切得不到大家的认可，不禁趴在课桌上痛哭流涕。

其实班主任也认为评选不公正，但因为是选举大会的结果，所以也就不好再改选。老师只好开导她，安慰她。可一直在顺境中成长的她怎能承受这一切打击？老师越开导她，她反而越伤心。没办法，老师只好来找孩子的父亲，让郭先生去劝劝她。小婷一见到爸爸就泪如雨下，她哽咽着说："爸爸，我付出那么多得不到回报，这公平吗？"

有的克服困难

还有一些孩子，虽然面临困难表现出踟蹰不前，但最后毕竟还是拿出勇气克服了困难，跨越了障碍。

露露的母亲一直非常重视女儿素质的培养。在女儿的成长过程中，她总是把困难看作是锻炼孩子的机会。有时，她还故意设置障碍、制造困难，让孩子在克服困难中学会坚强，健康成长。

在露露上幼儿园的第一天，她和许多小朋友一样，哭着找妈妈。因为露露比班上其他孩子小，又显得比较瘦弱，老师心疼她，就把她提前送回了家。妈妈先把老师送走，然后，看着女儿问道："小朋友是不是都回家了？"女儿说："其他小朋友都在幼儿园，我提前回来了。"妈妈说："还没到放学时间，你只能自己回幼儿园了。"女儿哭着央求妈妈："妈妈，送我去幼儿园吧！"此刻，妈妈真想抱起女儿，把她送到幼儿园。可妈妈明白，如果这次自己把女儿送到幼儿园，就等于无形默许了孩子的撒娇耍赖行为。

最后，妈妈还是决定坚持立场，她对女儿说："露露是个好孩子，你自己回去，下午妈妈第一个接你。"女儿拗不过妈妈，只好流着泪一步一步向幼儿园走去。看着女儿离开，妈妈关起门来大哭了一场。但妈妈还是坚持让女儿从小就自己面对困难，接受锻炼。

无论孩子多么想逃避困难,或者如何向困难妥协,父母都应该先予以理解。接下来的事情,才是如何帮助孩子在困难面前做出正确选择的部分。

## Why:父母只提意见,少用命令

在父母看来,当孩子遇到困难或选择时,做家长的理应要当即给出意见和建议,以防止孩子越走越偏。这种做法的本意和初衷,当然是为孩子好的,但问题在于,有不少家长都喜欢用命令或命令式的口吻来和孩子交流。

综观孩子的生长语境,基本上都是在无数个命令中度过的。

在家里面,孩子会经常听到妈妈和爸爸说:"不许碰插销!"、"不许吃零食!"、"不许离电视那么近"……

到了幼儿园后,仍然会经常听到有老师说:"某某小朋友不许打架,某某小朋友不许爬那么高,不许和小朋友摔跤,不许倒爬滑梯,不许……"。

从小爱画画的芬芬有一次正在专心画画,妈妈命令她说:"芬芬,过来帮妈妈端菜!"芬芬不情愿地回答道:"我在画画。"妈妈看见芬芬没有起身,走到她面前严厉地说:"我叫你端菜你听见了没有?你还想不想吃饭?"芬芬抬头看着妈妈说:"我正在画画,我的画还没有画完呢。""你的画能当饭吃?"芬芬的妈妈说着,拿起女儿画了一半的画,几下把它撕碎扔在了地上,然后再次命令女儿道:"去端菜!"芬芬看着妈妈野蛮的行为,听着妈妈命令的声音,伤心极了,她怒视着妈妈道:"我今天不吃饭!"说完站起身跑进了自己的小屋,把门反锁上了。

此后,芬芬好多天都不理妈妈,这使芬芬的妈妈意识到自己用命令的口气对孩子说话有些欠妥,但又不知应如何做才好。

让我们一起来分析一下上述事例,可以肯定的是,正在画画的芬芬已经听到了妈妈的话。她的大脑也正在思考着如何做出选择,是继续画画还是起来去厨房端菜。是继续自己的爱好,还是做自己不喜欢的家务,这个选择本身对孩子来说就是

一个困难。但妈妈做错事了吗？也没有，妈妈让芬芬去端菜，这是正确的事情，因为孩子就应该做家务。但芬芬最后为什么会和妈妈翻脸呢？因为妈妈的命令式口吻，她本来说的去端菜其实是一种意见，即你可以画画，但端菜吃饭，吃完后再画。但在芬芬听来，这就是命令。

可如果妈妈当时换一种方式说话呢？例如"哎哟喂宝贝儿，你画的什么呀妈妈看看，真漂亮啊！"先给一个甜枣给孩子吃，然后再说："可是我发现了一个小小的毛病，你这个细节这儿没有画好，肯定是饿的手没有力气拿好画笔才造成的。这么好的画儿，不如先端菜吃饭，吃饱了肚子有了力气有了精神，再继续把这幅佳作完成。我的宝贝大画家，你看这样行吗？"

这样说出来的，其实也是意见，但却委婉地表达给了孩子，孩子听了之后，肯定愿意接受并作出改变。

和命令相比，以礼貌的态度所提出的意见，让孩子更愿意接受。当他愿意听大人说话的时候，自然也是最容易接受大人所提意见的时候。

和命令相比，以礼貌的态度所提出的意见，体现出了对孩子的尊重。这包括人格尊严方面的尊重，还有个人智力和认知能力上的尊重。这个时候的孩子，会认为父母是在把他当作大人一样看待和重视。

孩子哪怕再小，也是一个独立的个体，有自己的想法，也有强烈的自尊。他们希望父母能够平等地和自己交流，不愿意听到父母命令自己的口气，更不喜欢父母强迫自己的行为。当父母用命令的口吻要求孩子做事时，孩子很容易产生与父母对抗的行为。

如上例中的芬芬，在听到妈妈的命令后，就产生了对立的情绪，结果她没有听从妈妈的安排，妈妈也被气得心情大坏，弄的母女俩两败俱伤，导致父母与孩子的关系越来越紧绷。

其实，父母和普通人的区别就在于，孩子面临困难时，父母不会嘲讽和鄙视

Step3：别让孩子停驻『左右为难』

孩子，而是会用爱来给予谅解和支持。而家长如果能在孩子遇到挫折时谅解而不埋怨，帮助而不嘲讽，鼓励而不指责，然后与孩子一起分析失败的原因，变消极为积极，化不利为有利，相信您的孩子肯定会对父母的帮助心存感激并且很快成长起来。

## 遇到困难，至少要表达意见

有的孩子爱发脾气的一个原因，是他们遇到困难时，不会表达自己所遇到的问题，也就无法向他人倾诉，积累在内心的负面情绪无法宣泄和被人理解。这当然是不好的，所以父母要通过辅导和教育，来让孩子遇到困难时，至少要学会表达自己内心的意见。

事例分析：下班后去接儿子，看见这家伙一副闷闷不乐的模样，我问他："发生什么事情了吗？"儿子点点头，用一副满是委屈的表情问道："老爸，你说，蜘蛛是不是昆虫？"我愣了愣，小心翼翼地回答："好像……应该是昆虫吧？因为它和其他那些昆虫长得那么像！"没想到儿子听了我的回答，更不高兴了："怎么你们都说蜘蛛是昆虫？"他不再理我，一个人背着书包就走我前面去了。

回到家，儿子立刻钻进了书房打开电脑然后在那里搜索，很快，他趾高气扬的指着一个网页，从地上一跃而起，跑到我跟前，高兴地喊道："老爸，我是对的！"我也赶紧凑到电脑屏幕跟前，上面写着一段话："昆虫有六条腿和两对翅膀，昆虫的身体由头、胸、腹三部分组成。但蜘蛛有八条腿，还有一对螯肢和一对触肢，身体由头胸部和腹部两部分组成，头和胸合二为一，没有翅膀。所以，蜘蛛并不是昆虫。"

我不解地问他："怎么突然想起要查这个？"儿子气呼呼地回答说："今天语文老师在课堂上说，蜘蛛是昆虫，我马上就举手了，我跟老师说'蜘蛛不是昆虫'，可是老师什么也不说就让我坐下了。"儿子委屈地接着又问我，"老爸，是不是我做得不对？老师会不会不高兴？"我重重地给了儿子一个拥抱："儿子，你真棒！你做得很好。每个人都会犯错误，老师也一样，你发现了错误还能及时指

出,真是了不起!"听到我的话,儿子双眼晶亮,开心地笑了。"可能老师当时也没办法肯定蜘蛛是不是昆虫,所以就什么也没说了。"我接着补充。

儿子说:"老爸,那我明天把这份资料打印出来带到学校给老师看。"我迟疑了一下,不知道是不是该继续鼓励儿子,因为他能够具备独立思维并且勇于表达自己的意见固然是好事,但如何把一个正确的观点以正确的方式表达给自己的长辈。我也不知道该怎么办了,突然之间,我想起了他曾经学过的一首童谣,我让他背给我听:"长辈错,要提醒,态度好,心意诚。"我对儿子说:"明天你带书去学校,一定要在下课后给老师,记住,千万不能因为这个而骄傲!"儿子点点头:"放心吧,老爸,我知道。"

第二天下午,我去接儿子,儿子脸上乐开了花:"老爸,今天老师在课堂上表扬我了,还说大家都要学习我这种精神。"我也笑了。

上述事例是一个父亲在日记中记录下来的,这个孩子就遇到了一个困难,就是他已经肯定自己的观点是对的,老师是错的,但却迫于压力而不敢表达意见。如果这个家长也不让孩子表达,那么孩子探索和求实的热情就会被压制下去。孩子也有话语权,也有表达意见的权力,但关键在于他能否用一种他人愿意接受的方式来表达。

这就要靠父母来辅导了,因为父母阅历丰富,当然知道什么话该说,什么话不该说,应该以怎样的方式说,这些都是积年累月的经验所得,小孩子当然不能一下子掌握。

大家会发现,生活中每每当孩子要表达意见时,老是被"住口"二字打断话头的孩子,慢慢他就变得沉默了,也就懒得跟父母说话交流了。

这是因为父母的"禁令"让他觉得自己的意见根本不受重视,说了也是白说。而一旦出现这种情况,孩子的自我表达能力便会逐渐降低,这对于他的成长和人生都是非常不利的。因为总是听到"你不用解释"的孩子,会渐渐习惯了放弃为自己辩解的权利,会背着很多的冤屈,一个人默默承受,而这样的重负很可能让他出现严重的心理问题。

所以说孩子遇到困难,至少要让他能够表达出自己的意见。

## 父母该放开手、松开嘴

我们在生活中经常能听到有家长这样说:"啧啧!你看看人家那谁谁谁的孩子,多听话,多争气,打小就没怎么管过,可就是怎么看怎么讨人喜欢,就是懂事,也不知人家父母是怎么教的?"

相信很多父母都听过类似的话,它透露了一个家庭教育的重要目标,即"教育儿童的终极目的,是为了在其成人后不用再劳心费神地教他。"简单地说,对孩子的教育就是为了将来不用再教他。这一观点和老子无为而治的道家思想可以说是不谋而合。

由此,广大家长朋友们不妨尝试着用无为而治的方式,来对孩子进行教育。

父母先不要着急用命令来步步监控着孩子的一言一行。先用换位思考的方式,站在孩子的角度,想想他们在面临困难时,为何会止步不前、犹豫不决,直至卡在"左右为难"的状态,无法走出去。

孩子心里所面临的问题有两个:

1. 他们不知道自己真正想要什么

有一次爸爸带军军去野外远足,军军第一次到大自然中,看见什么都很新鲜。爸爸在搭帐篷的时候,军军就自己开始瞎跑起来。他竟然看到了一堵废弃高墙。爱冒险的军军爬了上去,摇摇晃晃的墙体差一点倒塌。爸爸赶了过来,将军军救了下来。

差点吓哭的军军本以为父亲会雷霆大怒,但爸爸却没有厉声斥责他,而是在回家之后从网上和图书馆中找到很多关于风化后建筑的承重力的一些具体数据和相关新闻报道。爸爸把这些资料都放到军军面前,让他看完。看完之后爸爸语重心长地对军军说:"儿子,你现在是大孩子了,也是个小小男子汉了。爸爸不愿意用大骂的方式来阻止你的冒险行为,但我希望通过这些资料来让你明白,勇敢是一回事,鲁莽又是一回事儿,二者有时就只相差一点。有很多人都把它们混淆,最后都得到了惨痛的教训。"自打这以后,军军就没有再做出什么鲁莽的冒险行为,因为他明白了勇敢和鲁莽的区别，也明白了冒险和探险的区别。而他想要的不是爬墙，而是克服障碍之后的成就感，这一点在设施齐全的室内攀岩馆，也同样能够得到。所以，没有必要去野外盲目冒险。

2.他们因为害怕承担自己抉择的后果而不敢做出决定

小文是个很上进的孩子，他无论在学习上还是其他方面都力争上游，一直都努力做到最好。最近班里要举行班长选举，候选人需要进行竞选演讲。小文也想参选班长，但是他又不敢去报名，因为，他有口吃的毛病，更不敢当众讲话。

所以他这几天一直表现得很纠结，一脸愁容。他去找爸爸商量这件事，讨论到底要不要竞选的事情。小文希望爸爸能给他出一些有用的建议，但父亲听完后什么也没有说，而是打开DVD播放机，和他一起看了一部名为《国王的演讲》的电影。

在这部电影中，艾伯特王子继承了王位，成为英国国王。1934年圣诞临近，父王要艾伯特对全国进行广播演讲。艾伯特因为自己的严重口吃，几乎想放弃王位。但法西斯已剑拔弩张觊觎邻国，国家、家庭都要靠他来支持。可艾伯特念不出声，令所有人大失所望。

虽然贤惠的妻子希望艾伯特去医生那里进行矫正，但自尊心过强的国王对自己从小就有的口吃毛病，没有丝毫的治愈信心。后来在一位出色而又耐心的医生指导下，国王的口吃问题开始有所改善。他克服重重困难，跟随医生从物理治疗着手系统解决口吃问题，运动、加强呼吸、放松嘴部肌肉、加强舌头力量、绕口令……机械训练进步很快。

通过对发声——感觉——跳跃——放松，发声——甩头——吸气——呼气——倾听加强训练，以及让国王放下架子就地来回滚动，渐渐地，训练有了明显效果。

到了1939年9月3日，纳粹德国冲破防线进攻波兰。英法被迫向德国宣战，国王决定向国民发表演讲。加油！新任海军大臣丘吉尔鼓励国王；我相信你！妻子深情吻国王，亲人的支持让国王充满信心。忘记一切！集中精力！灯亮了。国王终于

**发出了声音!**

电影结束后,爸爸依旧什么都没有说,只是用大手拍了拍儿子的肩膀。

在这看似无为的做法背后,实际上暗含这无所不为的教育技巧。父母在最根本的关键点上给出一些暗示和潜在诱导,充分调动了孩子的积极性和自主思考能力。

教会孩子吃**苦** 就是给孩子 **幸福**

## 成功前做好失败的准备

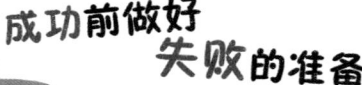

心理学家们曾做过这样一个实验：在给小小的缝衣针穿线的时候，你越是全神贯注地努力，线越不容易穿入。在科学界，这种现象被称之为"目的颤抖"，目的性越强就越不容易成功。这种现象在生活中并不鲜见。

张师傅是一名杂技演员，脚耍大缸已有多年，可谓驾轻就熟。因为年龄偏大，他决定改行。在告别舞台演出的那天晚上，他把亲戚、朋友都请来观看。亲戚、朋友为表心意，有的拉起标语，有的举起小旗，有的送上花篮……场面十分热烈。然而，正当人们为他精湛的技艺喝彩时，他却"失手"了：因一脚顶偏，偌大的瓷缸重重地砸在他的鼻梁上，他当场昏了过去。事后有人问他："凭你的技术，怎么会出此意外？"他说："那天，心里总是想，这是自己杂技生涯的最后一场演出，而且请这么多亲戚朋友来捧场，一定要表演得很出色，千万不能出错。谁知表演时一走神，就出事了。"

从表面上看，张师傅的"失手"是偶然的，其实却有其必然性。因为人有这样一个弱点：当对某件事情过于重视时，心理会紧张起来；而心理一紧张，往往就会出现心跳加速、精力分散、动作失调等不良反应。很多人在人生的关口"失手"重要原因之一也就是心理紧张与焦虑。实际上，做每一件事，我们都不能保证百分之百的成功。既然如此，我们何不给失败一个心理准备呢？

确实，太多的悲剧都因为把成功当作唯一的目标。成功之前先做好失败的准备，并非是放弃对成功的追求和向往，而是让我们放松一下心情，保持平常的心态，无论得失都能坦然面对。成功之前先想到失败，我们就能放下包袱，轻装上阵，如此一来反倒容易成功。

其实，做每件事情，我们都不能保证百分之百的成功，那么我们何不给失败一个心理的准备呢？准备失败，并非是放弃对成功的追求和向往，而是让我们放松一下心情，无论得失都能坦然面对。

Step3：别让孩子停驻「左右为难」

# Step4:别让负面情绪害孩子

**Test:孩子讲不高兴的事时,该怎么回应?**

孩子面对或经历一些痛苦、不高兴的事情时,会经常和父母诉苦,当孩子诉说着不开心的事情时,父母通常会怎样回应呢?

测试:当孩子不喜欢喝稀饭而烦躁时;当孩子早上起床烦躁不已时;当孩子不愿意穿您为他准备的衣服而烦躁时;当孩子赖着要看电视不愿意做作业而哭泣时。

在孩子发生以上情况而闹情绪时,您的做法是——

A:"别哭了,妈妈带你去买雪糕吃!""来,爸爸带你去动物园,不要再发脾气啦!""求求你姑奶奶,你别生气了好吗,妈妈好心疼啊!"

B:"你这个样子像男孩子吗?真丢人!""你再吵我就打你了!你自己做错了事还耍脾气,想挨打吗?"

C:"回你自己的房间吧,等气消了再出来。""想哭就哭个够吧!哭够了再来找我。"

D:不理会孩子的情绪反应,喋喋不休地唠叨:"人总会遇到很多不如意的事情啊,妈妈像你这么大的时候,已经会自己照顾自己了……爸爸妈妈在你身上花了多少心血,你知道吗……"

分析:以上类型的父母会给孩子带来以下的影响:

A:属于"交换型父母",又称"讨好型父母"。

父母心思:认为负面的情绪对孩子来说是有害的,所以当孩子有悲伤的情绪感觉时,就会努力把问题"修补"好,但忽略了孩子更加苛求的是了解和慰藉。

孩子心理:"既然这不是什么大不了的问题,为什么我的感觉这么糟呢?"由于缺乏自信,情绪上就比较容易产生较大的压力。

B:属于"惩罚型父母",又称"指责型父母"。

父母想法:孩子常常由于表现出哀伤、愤怒和恐惧而受到我们的责备、训斥

或惩罚。

孩子心理：对于那些负面的情绪，孩子虽然很憎恨，却又无可奈何，长大之后，在面对人生的挑战时，就可能会显得力不从心。

C：属于"冷漠型父母"。

父母做法：采取"不予干涉"的方法，接受但不直面孩子的负面情绪，既不否定也不责骂，让孩子自己找办法宣泄情绪或者冷静一下。

孩子心理：由于没有父母积极的引导，一个愤怒的孩子可能会变得具有侵略性，用伤害别人的方法来发泄；一个伤心的孩子会尽情地、长时间地哭闹，不知道如何安抚、舒解自己。

D：属于"说教型父母"，又称"超理智型父母"。

父母想法：认为孩子只要明白了道理，负面情绪就会慢慢消失，因此热衷于滔滔不绝地讲道理。

孩子心理：显得孤单无助，置身黑暗之中，需要独自面对负面情绪带来的痛苦，父母喋喋不休地训导和埋怨，只会让孩子更加痛苦。

其实，和成年人相同，孩子也会有许多负面情绪，比如被小朋友欺负、受委屈、害怕黑夜时，就容易产生一些伤感、委屈、恐惧的负面情绪。

情绪只是一个信号，负向情绪是不满、失落，相反的是高兴、满意。通过这种信号可以发现我们和孩子的需求及对事物不同的看法。孩子在向我们描述某一事件时，他常常是希望以此表达自己的某种情绪，并希望以此获得理解与支持。

然而，一些父母却常常不承认也不接受孩子的情绪、感受，总是会觉得孩子的情绪、感受太过于幼稚，他们说的那些事情竟是如此的明了和可笑，可以说是小菜一碟。于是，部分父母就会常常犯一些错误，比如：

当孩子还没有把自己不开心的事情说完的时候，父母就会不耐烦地叫停，认为已经完全掌握了孩子的想法；有些父母对于孩子大部分的情绪、感受都能够比较认真地面对和接受，可一旦他们的决定或者行为让父母感到失望或者不安时，父母通常就很难控制住自己的情绪。

一位妈妈说："我现在才发现我以前从来没有真正聆听过孩子的讲话，几乎

每次都是这样，我们等孩子说完便开始讲我那一套，更有甚者，我会打断孩子的讲述，直接发表自己的意见。"

的确，在面对孩子的负面情绪时，一些父母要么不聆听、不接受、不面对，要么听一半、不耐烦，甚至生气、呵斥、大发雷霆。殊不知，负面情绪给孩子带来多少烦恼和伤害，而孩子之所以向父母倾诉，就是因为他们需要父母的认同感。

## Why：负面情绪给孩子带来的伤害

由于孩子的能力和社会、生活经验有限，又想要尝试很多事情，因此他们肯定会遇到许多不如意的事情，肯定会有挫折感。这样的负面情绪会给孩子带来一些伤害和痛苦。

与妈妈分离，是许多孩子都难以承受的，对于芸芸来说，更是如此。

这段时间，芸芸妈妈出差了，虽然时间只过去了三天，但是，芸芸对妈妈的牵挂却异常明显，常常表现出不安的负面情绪。

在妈妈走后，芸芸一直由爸爸带着，有时候会找邻居小朋友玩耍，前几天都没有什么明显的不安情绪，都能够沉浸在小朋友和玩具中。

第四天的时候，芸芸思念妈妈的情绪已经达到一定的程度了，爸爸也不敢在她面前提起妈妈的事情。

这一天，芸芸来到妈妈的房间，看到妈妈的一件衣服，就开始喃喃自语地对爸爸说："妈妈没衣服穿怎么办啊？"天黑下来之后，芸芸又说："天黑了，妈妈看不见路啦。"

爸爸听到芸芸说这些话后，几乎感动得快流眼泪了。在芸芸那颗小小的心灵里，其实无时无刻不在牵挂着妈妈。

但是，她已经在努力地控制自己的情绪，控制自己内心深处那一份难言的不安，尽量不用大哭大闹的方式来表达对妈妈的想念。

可以想象，思念妈妈的负面情绪给芸芸带来了多少痛苦！

其实，孩子在难过的时候，闷闷不乐、不安，甚至哭泣、吵闹，都是孩子情绪发泄、表达难过的手段，这种负面情绪需要父母的了解和接纳。

如果难过的感觉不被接纳，孩子会觉得受到了挫折，进而具有攻击性。如果挫折的经验继续累积，孩子会逐渐感到孤独，不敢和别人交往，最后可能导致忧郁。

一位心理分析导师对人的这种心理过程分析得十分透彻。他利用水库做喻体，比喻说明人类情绪的处理过程，认为包括孩子在内的每个人的身体里面都有一座"情绪水库"。

当负面情绪涌现时就会储存在"情绪水库"之中，当"情绪水库"的水位积累到水库的警戒线时，就会开始出现脾气暴躁、无法适当控制情绪的情形，很容易脾气爆发。倘若情绪一直恶化下去，"情绪水库"就会溢出、溃堤，其结果就是出现心理方面的问题。

因此，维持心理健康的重要观念，就是不要让自己的"情绪水库"积累太多的水量，要想办法将情绪水位降低。进而可以说，学习符合规范的舒解情绪方式，是人们在社会化过程中逐渐学习而来的能力。

可问题在于孩子在成长的过程中，如果有了某些负面的情绪，会很自然地、本能地以攻击方式回应，表现出较强烈的情绪反应。父母当然不会允许孩子采取攻击的表现方式表达情绪，于是父母定然会产生诸如愤怒、生气的不满情绪，孩子就雪上加霜了。父母恐怕经常会看到孩子因为做不好一件事而气急败坏。

在一个下着小雨的傍晚，一对母女在路边争执，女儿看起来大概三岁左右。细听之下，原来，妈妈刚从幼儿园接完孩子回家。

刚开始的时候，伞是由妈妈撑着的，可走了一小段路之后，女儿觉得妈妈撑得太高了，于是非要自己打伞。

然而，妈妈虽然答应了女儿，但是女儿却怎么也撑不好，似乎那把伞对她来说还是比较沉的。

可雨下得越来越大了，女儿把伞撑得东倒西歪的，最后两人都得淋雨。妈妈

也开始着急了，于是，妈妈坚决要把伞夺过来，女儿当然不愿意啦，就拼命地叫："我要自己打！我要自己打！"

"你打不好，一会儿我们就全都淋湿了！"妈妈也生气地说。

"我打得好！"小女孩还是嘴硬，努力地想把伞打好证明给妈妈看，可她越使劲，伞越是不听话，于是她开始大哭起来。

妈妈越发生气了，用力地把伞夺了过来，拉着女儿的手就像往前走，可女儿没有自己撑伞哪肯听话。

接着，让妈妈忍无可忍的情景发生了，女儿一下子坐在满是雨水、泥泞的路边，妈妈开打了……

在孩子遇到挫折、情绪低落时，父母切不可火上浇油，用怒气强压孩子的负面情绪，这只会让孩子受到的伤害和痛苦更深，让孩子产生失落感。其实，孩子只是想得到父母的认同而已。

## 孩子需要的认同感

彬彬上小学三年级，他总觉得爸爸对他非常严厉，自己努力得到的成果从不能得到爸爸的认同，心里颇为烦恼。

有一次，彬彬因为马虎做错了一道数学题，爸爸就要求他把所有的数学作业重新做十遍，由此让他记住教训，避免下次再犯。

还有一次，彬彬期末考试数学考了95分，高高兴兴地跑回家告诉爸爸，没想到爸爸不但没有表扬他，反而批评说："为什么还差5分？怎么没得100分？"

彬彬当然觉得很难过，尤其是当看到好朋友亮亮得到爸爸妈妈的表扬时，更是羡慕不已。彬彬真的不明白，为什么亮亮只考了85分都能够得到父母的夸奖，而自己考了95分却只能受责备。

后来，彬彬常常闷闷不乐，在学校也越来越不愿意说话，上课注意力不集中，考试经常过分紧张……

从这个例子中，可以看出，孩子是需要认同感的，由于孩子没有得到父母的认同，导致了一系列的心理问题。

对于正遭受负面情绪煎熬的孩子，更是需要认同感。

一些父母在面对孩子的负面情绪，在不了解的情况下，也许会犯下一些错误，导致自己与孩子之间的隔阂越来越深，孩子越来越不想和父母交流，但请家长不要太担心现有的隔阂。

说到底，孩子永远是我们的孩子，这是血浓于水的事实，无可辩驳。而且他们非常在意我们的感受和态度，总是希望把自己最好的一面呈现给我们，以此"讨好"我们，让我们开心。

退一步来说，即使情况很糟糕，孩子已经与我们产生了严重的隔阂，已经长期冷战，孩子也需要我们的认同，还是依赖着我们，因为在目前阶段他们是无法完全独立的。

所以，孩子是一直重视我们的意见和看法的，只要我们从现在开始改变，一切都来得及。

孩子的心理：当我受伤害或者感到伤心的时候，我最不想听的就是大道理、提建议，那些谈话只会让我感到心烦意乱……我也不想听到那些怜悯的话语，那样会让我感到自己很可怜……亲爱的爸爸妈妈，请你们不要再发问啦，那样只会让我忍不住去为自己辩护……最糟糕的是，我最不想听到是——你不应该有这样的感受！

孩子的心理：我的要求并不多，我只希望你们给我一个机会，可以让我畅所欲言，让我说出我内心的困惑，并希望有人能够真正的聆听我的话，认同我的感受。那么，我会感受到我的伤痛在减轻，我的困惑在消除，我会更有能力面对我的情绪与问题，从而可以很好地解决问题。然而，现实中却有一些父母长期否认或者忽视孩子的感受和情绪。父母不正确情绪：

1. 烦躁

下班回到家后，很多父母都希望能够安静地休息，做些自己喜欢做的事情，然而孩子却无法始终让父母如愿。孩子会因为自己的身心状况不佳哭闹起来，甚至大发脾气。当父母满耳充斥着尖叫、哭闹声，心情自然烦躁起来。

其实，父母可以和孩子一起做一些游戏，既能体会到和孩子一起玩乐的乐趣，让自己放松，又能让孩子保持健康的身心。

2. 无助、自责

这种情绪在年轻的妈妈身上时有发生。她们面对大发脾气的孩子，常常感觉到无可奈何，很无助，不知道怎样做才好，还会下意识地认为自己"是个不合格的母亲"、"不称职"。

这就需要父母调节自己的认知，抓住教育孩子、提升自己教育水平的机会，激励自己。

3. 生气

带孩子乘坐航班的父母朋友都知道，空乘小姐会提醒说"如果发生紧急事件，请家长先把自己的氧气面罩戴好，再帮孩子戴上"。这是为什么呢？

如果父母都无法处理、合理转化自己的负面情绪，又怎样帮助孩子接纳和改善他们的负面情绪呢？可见，当孩子难过、发脾气时，父母应当控制自己的负面情绪，然后才能凝聚足够的智慧和力量应对孩子的难题。

父母应当在生气之前，喊"停"。例如，碰到挑食的孩子在饭桌上大发脾气时，父母可以这样安慰孩子："孩子，这些白菜觉得好难为情，现在饭桌上的这么多人都知道你不喜欢吃它了，它伤心得哭起来……"孩子很可能被您的这番话吸引，进而改善自己的行为。

## 简单两句话，处理孩子的负面情绪

那当父母控制好自己的负面情绪，有足够的智慧和力量时，应当怎样应对、处理孩子的负面情绪呢？

对此，一些专家给出了几点建议。

1. 认真、仔细地聆听孩子说话

假如父母没有真正用心地去聆听孩子的心声，或者自认为已经完全了解孩子的问题而打断孩子的话,孩子就会感觉父母是在敷衍他们,于是感到失望,慢慢地,就不再愿意与父母交流了。

如果父母能够真正用心去聆听孩子,耐心地去听取孩子把自己想倾诉的事情讲完,父母甚至什么都不需要说,孩子的问题就可能已经解决了,因为孩子需要的可能只是那深表同情的沉默。

当然,全神贯注地聆听孩子说话,并不意味着父母不能说话,相反,询问孩子我们的理解是否正确,可以很好地满足孩子被尊重的需要。值得一提的是,父母不一定每次都正确无误,也不需要苛求自己每次都正确无误。父母所能做的只要努力去理解孩子的感受,不一定会成功,但孩子通常会感激父母的努力,这时的过程远远比结果有意义得多。

父母不要担心把孩子的感受点明了会引起孩子情绪的爆发。事实恰恰相反,当孩子听到可以描述他内心感受的词语时,他们会深感安慰,因为有人可以了解、认可他们的内心的感受。

总之,父母永远不要让孩子在无奈的气氛中作出这么一个判断:我怎么这么倒霉,事情不顺心也就算了,现在又加上了这么个不通情达理的妈妈!

2.用"噢""嗯""我知道了"等等简单的话语来认同孩子的感受

不要小看这些词语,简单的一个"噢""嗯"或"我知道了"其实非常管用。当父母以关心的态度用这样简单的词语回应、引导孩子去分析自己的想法和感受时,效果明显,还有可能使孩子进一步找出自己的解决办法。

在日常生活中,父母与孩子的对话大多都是些生活琐事。比如:孩子说:"妈妈,我今天放学后要去同学家。"这时候,妈妈没必要回答他:"哦,你决定下午去朋友家啊?"只需要简单地说"谢谢你告诉我",就可以了。

然而,要注意的是用简单的话语是"认同"孩子的感受,并不是"了解"、"理解",当孩子需要父母了解、理解他们的感受的时候,光说一句"我理解你的感受",有些孩子会不相信你的话,他们会在心里大声疾呼:"不,你不理解!"

但是,如果父母能把问题细化,那么孩子就知道您真正理解了他。比如当孩子说:"妈妈,今天我好紧张啊。"父母可以说:"上学的第一天是有些紧张,

那么多新东西需要去适应。"又比如：孩子兴奋地告诉你："我今天得了朵小红花！"父母只需要用同样的语气回应他："真棒啊！你一定很开心噢！"

可见，当孩子只是让父母认同他们的感受时，父母只需要几句简单的话回应孩子即可；而当孩子需要父母了解、理解他们的感受时，父母就要花些心思，说得具体一些，才能够让孩子知道你真的理解了。

3. 另外一些应该注意的事项

接纳孩子的所有感受，并不是意味着他做的任何事情都是对的，也不是在溺爱孩子。 只有当孩子的所有行为都被许可时，才会变成溺爱。而接纳孩子的感受并不意味着允许他做你不能接受的事情。

比如，当孩子用筷子在锅碗上乱敲时，父母可以对他说，"这样挺好玩的吧？"之后，再拿走筷子和锅碗，并告诉他："锅碗不是用来敲的，如果你想敲，可以去敲你的小鼓和木琴。"

对于处于负面情绪的孩子，父母应当尽可能地避免过多的发问。如果父母一味地向孩子发问、指责或者发表建议，孩子也就不可能清楚地、富有建设性地思考问题。

任何时候，态度最重要。只有当父母全身心地和孩子交流的时候，孩子才会心甘情愿地和父母沟通，父母的话语才能打动孩子的心。很多父母经过一番波折之后发现："并不是我们说的话接近完美，但我们倾听孩子的意愿和对孩子接受的态度已经创造了奇迹！"

**倾听，孩子情绪的消防员**

**Step4：别让负面情绪害孩子**

### 花样1：看重心灵

妈妈提问：有时候我劝孩子别哭了，没有用，实在没办法，我就会允诺给买冰激凌或者玩具什么的。

专家细语：千万不要用物质引诱来敷衍孩子。零食或者玩具也许能够解决一时的问题，让孩子立刻安静下来，却隐埋了更加麻烦的祸根。物质不能让孩子得到精神上的满足，也让孩子感到父母对自己的情绪并不看重，也不尊重自己内心的需求，孩子还是会感到痛苦，会变本加厉地索求物质。无论对孩子还是对成年人来说，贪图物质的背后，都隐藏着孩子心灵对精神满足的需求：爱、关注和安全感。

### 花样2：由衷赞美

妈妈提问：当我倾听的时候，我希望我的孩子尽快控制住自己的情绪，因为我真的有点不耐烦了。

专家细语：当孩子得到有效倾听之后，会逐渐平息下来，并且开始转变。但我们一定要耐心，不要流露出不耐烦或者干脆命令孩子停止哭泣。不要期望或者要求孩子能够，因为他们大脑的发育还没有成熟到那个阶段。他们可能会找到一个补救的办法，也就是所谓的给自己找个台阶下来，并且讨好家长。比如杰瑞主动提出用鲜花代替奶油花，并且建议他自己带着小朋友去游乐场玩儿。我们要悉心捕捉孩子这种细微的转变，并给予积极的响应。当孩子出现美好、善良的行为时，我们要由衷地给予赞美，让这种行为保留下来。

### 花样3：不马上走开

妈妈提问：孩子情绪平息下来之后，我该做些什么呢？

专家细语：孩子平息之后，不要马上走开，而是继续留在孩子身边一阵子。如果有紧急的事情必须马上处理，要跟孩子请示并获得批准后，再走开。否则孩子刚刚建立的信任和安全感不堪一击，很有可能再次大哭或者以后找茬发泄，令我们前功尽弃。建议父母和孩子一起做游戏、说说话，建立孩子对我们的信任感。这样会有效减少孩子大哭不已的频率。

### 花样4：多多倾听

妈妈提问：让孩子哭个够，是否会助长孩子以哭为手段来引起家长关注？

专家细语：这的确是很多家长担心的事情，但是跟大家担忧的恰恰相反，越是得到足够有效倾听的孩子，越少碰到不如意的事情就发火大哭。那些在成年人眼里爱哭的孩子，经过几次有效倾听之后，动不动就哭鼻子的频率会大大降低。那些哭得厉害的孩子，说明平时没有得到父母足够的关注和倾听。

# Part 4
# 引导孩子认识自己的力量

我们总希望自己的孩子能够在面临挫折时坚忍不拔，面对失败时不气馁不退缩。因为这些才是真正能让孩子独立生存的内在力量，而且一旦掌握就会受用一生，不过这就有赖于父母的引导和训练。

# Step1:奥特曼，只在电视中

### Test:问问孩子喜欢奥特曼什么？

奥特曼、超人之类的虚拟偶像，越来越受到所有孩子的欢迎。很多家长都不明白，这些虚幻的角色和虚构的故事，怎么就那么招孩子喜欢呢？

要知道答案，不妨和孩子聊一聊，搞清楚内在原因。

奥特曼在小孩子中间受欢迎的程度，许多老师和学生家长都是深有体会的。"班上不止蓓蓓一个，其他小朋友也很喜欢模仿奥特曼"，秦老师觉得这个问题不应被忽视，这个年龄的孩子好奇心和模仿力都很强，但是还不能辨别是非好坏，看多了奥特曼这样充斥暴力情节的动画片，孩子容易产生暴力倾向。

众多家长也是深受其苦，他们都反映在自己所居住的小区内，从1岁到12岁，没有不喜欢看奥特曼的，成天一放学就在小区里模仿节目里的情节打打杀杀。孩子们总在打闹的时候说自己是"奥特曼"，让别的小伙伴去分演"怪兽"和"魔鬼"。

杨女士有个十岁的儿子，看了奥特曼一段时间后，孩子变得特别好斗，攻击性变得特别强，经常对别的孩子拳脚相加。

儿童甲说："奥特曼里有好多怪兽，怪兽是坏人，奥特曼把它们都打死了，奥特曼是好人。"

儿童乙说："那些怪兽都非常厉害的，但奥特曼不怕，他上去就这样踢一下，再这样发出光线，怪兽就死掉了。"

儿童丙说："不对的，一开始奥特曼总是不行，他打不过怪兽，可后来他很努力很努力地打，就能把怪兽打败了。"

儿童丁说："奥特曼太厉害了，他想飞就可以飞，想潜水就可以潜水，他还会变形，想变成什么就变成什么，我也想变，嘿嘿，不过我变不出来。"

让父母不解的是，孩子不光向他们讨要奥特曼的玩具，还要买印有奥特曼形象的衣服。小朋友对奥特曼的追捧已到了近乎疯狂的地步，就是穿衣服、穿鞋也要有奥特曼的标志才行。甚至有家长反映，现在她的孩子每天晚上都要穿上奥特曼的

衣服，否则就不肯睡觉。一些精明的商家也发现了这个商机，很多小商店、超市都做起了和奥特曼相关的生意。有的商家干脆成了奥特曼系列商品的专卖店，店内商品从服装、文具到玩具一应俱全，仅仅衬衫就有几十种之多。如此地毯式的覆盖宣传，以至于很多孩子走到奥特曼专卖店门口就不愿意再走了。

相对于好莱坞的那些热门动画电影，例如《狮子王》、《白雪公主》、《海底总动员》、《飞屋环球记》、《怪物史莱克》等，咱们的孩子普遍反映觉得没意思，或者看不懂，总之就是不喜欢看。您要问他们想看什么，保准男孩女孩都异口同声地大喊，他们要看奥特曼！

1. 外形高大威猛，有阳刚之美

所有的奥特曼，身高都有四五十米。我们这些小孩子，整日仰着脖子看大人脸色。如今有了一位身形高大的奥特曼作为偶像，可真是扬眉吐气了。

2. 神通广大

奥特曼不仅是地球上最勇猛的英雄，同时还是全宇宙最强大的英雄。奥特曼高大、勇敢、坚强，富有阳刚之美，恰恰契合了男孩子们好胜、向往成为勇敢强大人物的心态，所以男孩子们更容易接受。另外，奥特曼神通广大，穿梭于星球之间，为保卫星球与怪兽展开激烈的战斗，这就满足了孩子对地外行星这一神秘、未知领域的好奇心和探索欲望。

目前虽然与外星生物沟通、到太阳系甚至太阳系以外的星球探险旅行，都还是人类目前未能实现的梦想，但是在奥特曼的世界里，凭借着创作人员丰富的想象力，使得这一切都成了真。而这些，也都正是处在童年时代的孩子们所日思夜想的。

此外，每个奥特曼都有自己的必杀技，且每个必杀技都有各自的威力和特点。

例如梅塔利姆光线，这一招是奥特曼之父传授于他的，双手回伸后迅速转身组成L型姿态发出的必杀光线，可以使敌人燃烧或爆炸，威力极其强大。这一招也

是奥特曼的招牌动作，也是小孩子模仿最多的经典奥特曼动作。

许多人不知道的是，在奥特曼的故乡，日本国内，由于奥特曼涉及过多的暴力和血腥内容，所以日本政府禁止奥特曼在日本各大电视台黄金时段播出，如果其他时段播出，小孩也需要有成人的陪伴才能观看。

## Why:告诉孩子他不是超人

虽然孩子们都很喜欢奥特曼，但家长们都越来越觉得，不能让孩子过于沉迷其中。不少家长都发现，自己的孩子在跟别人打闹时，都会这样喊道，随之而来的还有那些夸张的模仿动作。潜在的暴力倾向可能在这个时候已经种下种子，因为孩子们完全沉浸在奥特曼的虚幻世界里。而由于奥特曼与怪兽的打斗场面充满了暴力，很多家长对此都忧心忡忡。

另外，父母还要为孩子这个爱好付出不菲的开销。所有奥特曼的玩具、奥特曼的衣服、奥特曼的鞋子、奥特曼的贴画等等，都是个花钱的无底洞。

孩子在童年阶段正处于动作、语言等技能及社会交往的发展期，他们对事物的理解，是从表象到内部一步步深入而来的。所以，更多的是从影视动漫作品以及故事中去学会何谓好、何谓坏、何谓该做、何谓不能做。

孩子天生就是一张纯洁无暇的白纸，模仿能力强，但他们在幼儿期尚未建立正确的是非观，无论什么都跟着学，因此，这种不成熟的天性为幼儿间的相互模仿提供了心理条件。

奥特曼的剧情故事情节简单、语言口语化、人物动作比较容易模仿，正好适合孩子们的需求。刚好奥特曼每一集中，基本都是一种反复出现的模式，这是有助于孩子模仿的。

因为每次都是奥特曼的几个招牌动作，例如发出攻击，变身等等。另外一方面，恐怖、吓人的怪兽，能够带给孩子们强烈的刺激。那些太温和的敌人，看起来，远不如奥特曼中的怪兽那么难看，因此，也不容易深刻印入孩子的记忆。

另外，奥特曼每一集都是一个完整的、战胜敌人的故事，而且情节都几乎类似，这使得孩子可以在任何时候打开电视，接着就可以看下去，不会存在连续性的问题。

而上述这些，恰恰也是父母不愿让孩子过分相信和崇拜奥特曼的原因。因为现在尽管奥特曼这位宇宙英雄高大、勇敢、坚强，富有阳刚之美，正好满足了男孩子们好胜、向往做勇敢强大人物的心理。但是，我们都知道，现实生活中是不可能存在奥特曼的。成年人都会明白，永远都不会真的有奥特曼这样神通广大，行走星球之间，为保卫星球与怪兽展开激烈战斗的大英雄。奥特曼是虚构的，所以作为家长，比较好的方式是理解并尊重孩子的兴趣，同时注意转移引导，限制沉迷于其中的时间。

具体来讲，家长可以针对孩子好奇心强烈的特点。在陪伴孩子参与各种有关奥特曼的活动的时候，就奥特曼勇敢、果断、坚强的一面，多问几个为什么，积极引导他去主动思考，让他在娱乐中知道做人要勇敢、坚强、有正义感。

同时又要让他明白，奥特曼代表的是只是人们对正义的一种期望。但如果强行禁止，孩子可能会出现逆反心理。家长可以试着寓教于乐、取其精华，很可能会有意想不到的收获。其实，奥特曼也并非家长们所想的那么可怕。从另一个角度去审视，我们会发现奥特曼与怪兽搏斗时的那种临危不惧的英雄气概和保护地球的强烈意识，可以让孩子获得与环保有益的教育。关键是家长如何做好积极的引导工作，利用其中积极的因素。如借助奥特曼的勇敢、正直、富有正义感，来促进孩子积极健康的性格的形成。

要让孩子认识到奥特曼不是超人，还要注意让其在现实生活中获得更多肯定。

**例如孩子帮妈妈抬东西，帮爸爸搬梯子后，都要及时给予更多的夸赞和鼓励，承认其在家庭中不可或缺的价值。**

父母要让孩子明白，奥特曼在电视里天天消灭怪兽，不会有人去给他颁奖或夸赞他，因为奥特曼是虚构的，不真实的。而你在现实生活中只要能努力表现，帮助周围的人，就会得到非常多的赞誉，这一点是奥特曼得不到的。

## 挫折，时常会打击孩子

之所以本章的开头要提及奥特曼，是因为它牵涉到了一个命题，或者说一个假设，即当某一天我们的孩子真的遇到了大的挫折，但却没有奥特曼出来帮助他时，他该怎么办？这对孩子本身来讲，也是一种打击。

小孩子在生活中当然不会遇到像怪兽光临地球这样的挫折，但无论他们遇到的挫折是什么样的，都不可能会有奥特曼出现并伸出援手。

常见的考试挫折：经常会有一对对神情焦急的父母出入于心理咨询师那里，因为，他们都在询问一个问题，怎样才能使孩子摆脱考试失败的打击。问题是如此的相似，他们的孩子学习成绩一直较好，往往在小升初或者中升高的时候，会满怀信心地制定出一定要考上重点学校的目标，并且为此放弃了所有的娱乐，整天埋在习题中。可往往在临近考试或者在考场时因为包袱过重之类的问题，而导致孩子没能发挥出应有的水平，最后总是因为半分之差而没能考取理想中的学校。从此之后，父母们眼见孩子沉浸在苦闷、烦恼、焦虑、忧愁之中，唉声叹气，闷闷不乐，精神萎靡不振。父母自己也难以忍受这样的打击，可又苦无良策使孩子战胜由于考试失败带来的挫折。

除了考试，还有其他许多可能给孩子带来挫折的事件。

我们的身边往往就有很多这样的例子，曾经有一个女孩子，由于父母是学校领导，所以她在小学和中学时都受到种种庇护。上了大学以后，她不得不开始独立生活，一天由于私自用了舍友的洗发水，被舍友视为小偷而遭到孤立，她最终在无法释怀的情况下得了抑郁症，不得不中途退学。这种情况其实很普遍，现在很多学生都屡屡做出傻事，就是当事人没有对待挫折的心理承受力，从而导致心理失控。

其实不光是咱们中国的孩子，在外国也是有这样的事情发生的。

一则新闻报道就属于一个典型的实例。

有一位印度美少女叫辛吉妮，正值16岁的花季，豆蔻年华，多么美好的年龄。这个美丽的女孩子自小就喜欢唱歌跳舞，甚至还曾出演过电影，可以说是一颗公认

的冉冉升起的明日之星。不过,她在参加一次电视歌舞比赛时,发生了一次谁都没有预料到的意外。

当辛吉妮满怀自信地表演完毕时,主席台上的一名"毒舌评委"竟然丝毫不给面子地批评道:"你今天的表演没精打采,很差劲!"这句杀伤力很大的评语,让辛吉妮立时羞愤难当,只感觉遭到当头一棒。只见她瞠目结舌地呆立在那里,接着双腿一软当场昏倒在地。辛吉妮在入院治疗了两天后,由家人带回家中继续休养。

不过数天过后,辛吉妮的情况仍然不见好转,反过来竟然急转直下,这个可怜的女孩子先是失去了语言能力,接着连四肢也无法动弹,最糟糕的是她仿佛得了失忆症——不仅对自己曾经出演过的电影毫无印象,甚至连家人都回忆不起来。

眼看着这个如花似玉的才女就这样凋谢,他的父母都十分自责。他的父亲说:"我想对所有的父母亲说,不要给你们的孩子施加过多的压力。这样的淘汰比赛实在太残忍,我为我犯下的错误追悔莫及。"

当孩子们在父母身边时,自然会得到家人无微不至的殷切呵护,这会让她远离伤害。但所有的父母心里都很清楚,自己不可能永远呆在孩子身边保护他免受挫折。那一天或早或晚,终究是会来到的。

到那个时候,咱们的孩子会在挫折面前经受得住打击吗?他是会昂首前进,勇敢克服呢,还是会意志消沉,从此一蹶不振。在事实没有发生之前,恐怕谁都无法提前预料,但是我们却能够提前把握住一点,即对孩子提前进行抗挫折教育和鼓励。这样一来,就可以让孩子在挫折面前不至于被打趴下,也不至于因为挫折而留下阴影。

## 鼓励孩子走出挫折阴影

挫折是不可能避免的,每个人从小到大都会面临大大小小的无数挫折。有的人会因为无法走出挫折阴影而变得意志消沉,从此沉沦消极下去;而有的人却能够在挫折面前实现绝地反击,走出阴影,离成功越来越近。

孩子还小,他可能还不具备独自走出挫折阴影的能力,所以就需要父母的鼓励。而父母切不可忽略这小小的鼓励,因为它所产生的影响是无比深远的,尤其会和孩子的未来发生很大关联。

哈佛大学奇怪的招生"潜规则":在美国的知名学府哈佛大学,每年都会从全美数万高中生提交上来的申请中挑选出各种翘楚来安排其进行面试。因为在美国,高中生要想上哈佛,除了参加美国高考(SAT)所得到的分数外,还要去所报考大学进行面试。

在面试过程中,哈佛招生官员会对这个学生的家庭背景,社交能力等有一个全面的考察和认识。不过奇怪的是,有很多学习成绩优秀至极,并且父母双方也都受过高等教育、家境富裕的学生,往往都会被哈佛拒绝录取。

很多中国人都不理解哈佛为何不找各国各地区的考试第一名(状元),其实在美国也是这样的。有不少高中生都是重点高中出身,在校期间还是童子军领袖,学生会主席,得过什么样的奖章。按常理说,哈佛这样的精英学府,肯定会录取这类尖子生,不然就没天理了。为了讨论方便,我们不妨把这类精英学生暂定为A类学生。

如果在报考哈佛的学生中,有这样一个学生,他的笔试成绩还算勉强过得去,父母离异或者其中一人去世,家境穷得揭不开锅,父母都没有受过良好教育,甚至连高中都没上过,这位学生的家还是在犯罪案件高发的贫民窟或移民区。那么,这样的一个学生,他被哈佛录取的可能性是非常高的。同样,我们为了方便讨论把这类学生暂定为B类学生。有意思的是,如果B类学生和一位上一段所提及的那种条件优异的A类学生放在一起让哈佛挑选的话,哈佛很有可能会挑选B类。

事实上哈佛的确是这样做的,据报道,哈佛大学在1996年对165个SAT(学术评价考试,性质相当于中国的高考)满分的"高考状元"说"NO"!当年全美有365个"高考状元"申请哈佛,几乎是每两人中就有一个被拒收。

这似乎是无法理解的,因为在历史上哈佛大学出过六位美国总统,还有34名教授获得过诺贝尔奖。这样一个盛产社会精英的学府,不应该在招生阶段就尽可能

地收纳精英的学生吗?

不过,哈佛却不这么认为。他们觉得,如果仔细研究B类学生从小到大的经历,能够肯定的是,这类学生一路走来,曾经肯定经历过无数常人难以想象的挫折和困难。虽然他们所生活的环境和境遇,在许多人看来简直就是犯罪滋生的温床。没错,这类学生在人渣云集的底层社会里生存,却没有变成其中的一分子,而是于逆境和挫折中以坚韧的毅力和自信,完成了小学、初中、高中的十数年的学业,并且向誉满全球的知名学府,哈佛大学递交了自己的申请。

B类学生为何要这样做,因为他们想用知识来改变个人的命运,并且还想改变家族甚至所在社区的未来命运。这类学生和其他那些所谓的学习精英相比,拥有更强的抗挫折能力以及逆境生存能力。如果再让他接受哈佛四年的系统教育,那么到他踏入社会的那一天,就会成为一个最能适应社会竞争的精英。

当然,上述这个例子,只是用来说明挫折对于孩子所产生的重要影响。在童年时代,孩子要具备抗挫折的能力,更大程度上的要有赖于父母的鼓励和系统训练。如果孩子在父母所营造的成长环境中,什么事都由父母担当,自己没有处理过压力,一旦碰到需要自己解决的问题,就慌了手脚,溃不成军了。

这样的孩子,心理防线特别脆弱,经不起打击;而且在处理压力时极为无能,一旦无人帮助,闷在心里。

父母可以有意给孩子制造一些小挫折,也可以给孩子讲一些老一辈当年白手起家的奋斗故事,传授给孩子一些克服挫折的方法和经验。

Step1:奥特曼,只在电视中

# Step2:给孩子自我反省的时间

## Test:你的孩子犯错误,你会怎样?

天底下哪有不犯错的孩子,然而不同的父母,面对孩子的错误,会有不同的反应。按照不同的反应,可以分为不同的类型。

高分贝类型
直到现在仍然有很多父母认为,让孩子听话和不犯错的最有效办法,就是使用高分贝的吼声、责骂声。

"你再不小点声,我就把电视给你闭了,以后再也不让你看!"
"我怎么生出来你这么笨的孩子!"
"要什么要啊!零食对身体不好,你再闹,我就把你扔在超市里!"
"再吵吵,再吵吵我就把你从窗户扔出去!"
"不听话是吗?再不听话我就把你卖给人贩子!"

在责骂孩子的时候,有的父母还喜欢采用旧事重提的方式来加强语气。例如"你总是……你就是……你一直是……"这些都是概括性的,下定论的语言。很多家长无意中都会这样说孩子,这样说的结果很可能会给孩子心理带来很大的压力和打击。

更为严重的情况是,有的父母竟然在当着外人时,同样敢用上述言语指责孩子。

暴力动手类型
的确,有的父母真的认为,好孩子是棍棒底下打出来的。一般情况下,父母都是因为采取上述高声责骂孩子方法无效时,转而采用给孩子制造肢体疼痛的方式来让他变得服从和听话,以及帮孩子改正错误。

根据某市青少年法律援助与研究中心通过针对6年间338起儿童遭受家庭暴力案件的调研统计,所发布的《儿童遭受家庭暴力案件调查分析与研究报告》显示,

父母陈旧观念以及法律政策中"儿童视角"的缺失，正在进一步加剧对未成年人遭受家庭暴力事件的发生。此次发布报告显示，调研的338起案件中高达86.33%的家庭暴力源自"父母施暴"，涉及其他家庭成员的案件仅占一成左右。研究还发现，发生此类案件的家庭中，父母普遍没有将未成年人当作享有平等权利的人来对待，而是作为自己的私有财产随意处置。

父母并不认为通过打的方式来教育自己的孩子，是什么错误或者犯法的行为。由于对家庭暴力的理解不准确，受访者中很多父母"并不认为打孩子就是家庭暴力"，认为只有"程度严重的伤害才是家庭暴力"。还有部分家长认为，只要动机是为了孩子好，暴力行为便是合理的，"轻微教训一下孩子不算施暴"。在这些问题家庭中，不懂得尊重孩子的陈旧观念，使得父母并没有将自己的行为与家庭暴力联系在一起。

不管不问类型

当孩子犯错时，有的父母则是采取不管不问的态度。这类家长有的认为，孩子犯错是再正常不过的事情了，既然是正常的，那就不用管了。再者说，即便是管，也是不会有效果的，那就干脆别管了。

不过这类家长可能没有意识到，自己正在无意间，对孩子施加了"冷暴力"。没错，对孩子不管不问，置之不理，也是一种暴力手段。因为当孩子发现连自己犯错的时候，都无法得到父母的关注，那么他便会产生一种被遗弃、被孤立的感觉。

小健的爸爸来自农村，很早的时候就开始独立挣钱养家，经过多年的打拼，最终攒钱在市区买了一家门面。小健的爸爸经常用当初的经历教育儿子"吃苦才会有出息"，他对儿子的要求是：学习成绩好、待人彬彬有礼、做力所能及的零活儿。可一旦当小健没有一项达到了爸爸的要求，小健的爸爸则不会像其他的父母一样对孩子打骂，而是对儿子的态度越来越冷漠，经常用冷眼看他，对儿子的一切都不闻不问。

更严重的是，当小健的班主任到他家里进行家访时，也遭受到了"冷对"，

小健的爸爸甚至不肯进屋跟老师交流,并悲观地说:"您也别再费心管这个孩子了,反正他是烂泥扶不上墙。"

但小健的班主任表示,小健并不是像他爸爸所说的那样一无是处,他尽管学习成绩较差,但他很自律,而且有正义感。

冷暴力真正的危害和严重性在于,家长根本就不知道,他们的冷言冷语,对孩子所造成的伤害,要远远大于直接对孩子进行打骂。无言的伤害,才是最大的伤害。

广大父母可以根据上述几种类型,来对照自己平时对待孩子犯错时的态度,以此来找出问题所在,进而探究解决之道。

## Why:"我没错",那错在哪儿?

父母会发现自己的孩子和别人的孩子,都有一个让人又气又恨的通病,即在被父母指正错误时,抵死不认账、不承认,任您怎么苦口婆心,人家就是梗着脖子斜视左上方,总之就是一句话:"我没错!"

孩子不愿认错,总是让父母感到十分气愤,因为众所周知,改正错误的基础是你首先必须承认这个错误是你造成的。有了责任上的认识,才能去改成错误,以后不会再犯。但很多孩子都是犟脾气,那么父母该怎么办呢?总的解决方案,可以分为两个步骤进行。

第一步,搞清楚孩子为何不愿认错。

原因一:"我没错!":这类孩子真的认为不是自己的错,孩子并不明白自己哪里错了。看似无法理解,其实很简单,孩子还未成年,他对"对"和"错"的认知能力还不能像成年人那样清楚。

例如有些父母平时没有和孩子说清楚,什么可以玩什么不可以玩,或者成人没有把孩子不该玩的东西放在孩子看不见或碰不到的地方。这些都是造成孩子"犯错"的因素。

大多数孩子都天生好动,喜欢探索身边的各种事物,常常把家中的东西当作玩具。如果这些东西是爸爸妈妈的钱包或是别的重要事物,那么惹大人生气就在所难免了。这样的话,孩子根本不知道自己做错了事,可爸爸妈妈还要他承认自己错了,孩子怎么做得到呢?

另外,孩子还会通过各种证据来为自己进行辩护。例如"我上次也这样做了,你就没有说我做错了,这次你却说我犯了错误,这是为什么呢?"、"我的一个小伙伴,人家犯了这样的错误时,人家的爸妈就不会认为是错误,那为什么我做了同样的事情,您却要说我做错了呢?"

原因二:"不全是我的错!":别看孩子年纪还小,他们在错误责任划分方面可是丝毫不含糊的。

Step2:给孩子自我反省的时间

**当一个错误产生时,孩子会尽可能地为自己做"无罪辩护",即便真的到了理屈词穷的时候,也还是会为自己做"有罪辩护",即承认一部分的错误,而不认为错误的成因都是自己一个人的全部责任。**

由于成人并没有看见宝宝的行为过程,所以宝宝犯错的原因有时并不像成人所想的那样。例如两个孩子打起来了,父母看见的话会立刻制止,可能父母会要求自己的孩子向别的孩子道歉。

可是,有时先动手打人的正是对方那个孩子。那么,要孩子先认错,他就会很不服气,不肯认错;即使孩子知道打架是错的,也会理所当然地认为先动手的人先道歉才对。

当孩子认为不全是自己的错时,就会拒绝认错,或者干脆狡辩称自己没有错。

原因三:"你那么凶,好吓人啊!":这类孩子往往很清楚错误是自己造成的,但由于担心承认之后会遭到来自父母暴风雨般的责骂,所以便因为畏惧而拒不认错。另外,孩子还有可能会认为一旦认了错,爸爸妈妈都会不爱自己了。这也是一种很容易理解的常规思路,即如果一个人对认错的后果过于畏惧时,就会以拒绝认错来逃避后果和由此带来的责任。

第二步，父母和孩子一起分析错在哪里。

有一个男孩子，打小就是毛手毛脚，走路一阵风。有一次家里一个价值不菲的花瓶被他不小心碰倒打碎。

由于担心被批评和追究责任，他不愿承认是自己的错误。爸爸明知道是儿子干的，但却没有强行要求他承认错误。而是从市场上花了十几元钱买了个很便宜的花瓶，然后放在之前的架子上，和孩子一起讨论研究如何才能防止花瓶在外力作用下翻倒破碎。父子二人整整花了一天的时间来绘图、试验、论证，最后在父亲的指导下，儿子设计了一个隐形稳定支架，当花瓶安装了这个不容易发现的支架后，就变得非常稳定，即便是受到外力碰撞，也不容易翻倒。

事后，父亲还帮助儿子把这个发明申请了专利。当专利证书拿到手时，儿子含着泪向父亲承认了自己的错误，承认了是自己打碎的花瓶。

就是这样，当孩子犯错误时，父母可以先不急着让孩子认错，而是把精力放在和孩子一起研究错误成因上来。当孩子看到父母如此公正和客观时，自然会主动认错。

## 要学会"吃一堑长一智"

孩子在成长过程中，需要牛奶、维生素、钙质来提供营养，还要什么呢？答案是"错误"。

错误是不可避免的，但也不见得完全是坏事。因为从错误中，我们能够知道哪些是正确的，哪些是错误的，同时，还能从错误中获得更多技巧和经验。

最基本的一点，孩子犯错之后首先要勇于承认错误，但比这个更重要的，就是要吃一堑长一智，避免犯同样的错误。

这个道理是再简单不过了，还是那句老生常谈的"失败是成功之母"。世界上没有免费的午餐，不失败怎么能有成功呢？正确与错误也是这样，它们就像是一对双胞胎，没有错误也就没有成功。

因为错误是有价值的，所以学校与家庭应该是一个允许孩子犯错误的地方。我们只要去关注一下那些成功者的经历，基本上都是在不断的失败、错误当中一步步走向成功的。即使这样，那些所谓的成功者随时都会面临出错，甚至失败的可能。然而，就是这个普通的道理，至今却仍然有许多家长以为孩子的大脑就像电脑一样，出现的错误不及时处理就会越积越多，所以当孩子一旦犯了错误的时候，成人总是想让他们刻骨铭心，永不再犯，甚至在孩子出错之前就加以提醒，这样做的后果是：孩子失去了认识错误和纠正错误的成长机会。

这种情形非常严重，家长老是眼睛一刻不离地盯着孩子，家长实际上觉察不到自己行为对孩子的负面影响。这样盯下去，就会发现孩子身上全是错误，孩子做的全是不正确的。这样的家长是会很苦恼的，孩子本来没有那么多的缺点，或者缺点本来很小，天天盯着，就等于天天在给自己暗示，那些缺点就被无限放大，直到缺点大得覆盖了所有的优点。

父母首先要允许孩子犯错，才能让孩子做到吃一堑长一智。孩子现在实际上是处在一个不允许犯错的环境中，在课堂上，老师不允许孩子出错；在家里，父母不允许孩子出错。为了不致出错，他们只好收敛幻想，自我绑束，缩手缩脚。久而久之，孩子就会认为只要听话，不胡来，不出格，就永远不会犯错。于是，孩子就这样被大人费了好大劲培养成了谨小慎微胆小如鼠的人。

张先生的教子经：张先生有一个儿子田田，天真活泼，但是好动的他经常会犯错。张先生也疲于对其进行批评教育，于是制订了一个规则。规则的内容为，如果孩子犯了错，那么除了承认错误之外，还要面临两个选择，一个是接受惩罚，例如不许吃晚饭，不许看电视等；另一个选择，是找出避免再犯同类错误的方法。

例如他的孩子每次在上完厕所后都会忘记随手关灯，这个浪费电的错误，他已经犯了无数次了，家长批评他也不是一次两次了。所以张先生干脆做出决定，孩子可以不用因为忘记关灯而道歉，但必须找出避免这个错误再犯的方法。

这下子可算是难倒了田田，因为他自己也知道忘记关灯是个会浪费电的错误，但是自己总是会忘记。而今之计，就是想出一个永远不会忘记的方法。他苦思冥想了一个星期，设计了两三种方案，还去请教上大学的表哥。最后，终于确定下来一个终极解决方案。

田田在爸爸的协助下，设计了一个踏板式的电灯开关，即将原来在墙上的电灯开关给挪到地板上。具体做法是，将卫生间门口下面的地板拆开，然后将开关和

电线埋入,并做防水设计及压力测试。之后进行反复试验,按照田田的设想,如此设计之后,人在每次进卫生间时,有一只脚就会踩到门口的那块下面藏有电灯开关的地板,这时候开关受到脚部压力就会通电,电灯就会亮起。当人们方便完之后从卫生间出来时,同样会在门口踩到那块有开关的地板,同理,开关就会因为受压而断电,电灯熄灭。

运用了这个方案之后,不光是田田,包括全家人,都不会再因为忘记关灯而浪费电了。

请不要再让孩子沉浸在犯错时担心受到责骂的氛围中了,给孩子出一些主意,给他一些启发,让他找出解决问题的方法。

## 每次失败要让孩子学会更多

举一反三,比喻从一件事情类推而知道其他许多事情。我们在说哪个孩子悟性好,聪明的时候,往往就会说这个孩子懂得举一反三。试想一下,如果孩子在犯错的时候,都将举一反三的理念应用其中,那么孩子通过错误所学到的,将会是非常可观的知识和经验。

这就不仅仅是避免再犯同样错误的事情了,犯错的孩子必须用发散性的思维,在改正当下错误的基础上,探讨和联想出不再犯类似错误的方案。

王女士的女儿有一次因好奇心作怪,在拿瓷碗不断抛向高处时,不小心将其摔碎。面对满地的碎片,她自知犯了"错误",以为将遭受妈妈的训斥和惩罚。但王女士只是要她自己扫去碎片,让她记住有些物品会易碎这样的一个常识。后来女儿从易碎的瓷器延伸联想到同样易碎的玻璃杯、镜子、瓶子、眼镜等,自觉地学会保护和使用这类物品,再也没有摔碎过任何东西。王女士认为,只有这样,那么比起一只被女儿故意摔碎的碗的损失来还是非常值得的。

另外,父母还可以抓住孩子承认错误的机会,教给他一些弥补错误的技能,比如下面这位父亲。

孙先生是位音乐老师,儿子可能是遗传,从小就有很强的节奏意识,遇到什

么物体都喜欢敲敲打打听声音。孙先生就着重培养儿子的音乐天赋，从小教他拉小提琴。有一天孩子自己在家，拉了一会儿琴，觉得有些无聊，于是拿着琴弓在墙上敲着玩。敲到一个地方时，他发现这里发出的声音跟别处不一样，好像敲小鼓一样，咚咚地响。

于是，他饶有兴趣地打着节奏敲呀敲，一个不小心，墙壁竟然破了个洞，而且还是一个不小的窟窿。孩子特别内疚，也怕脾气不好的爸爸发现后责骂自己，于是就没敢对爸爸说，期望有一天爸爸看到了，以为墙自己破的，修好就没事了。可能是由于爸爸忙于工作，过了一个多星期竟然都没发现墙壁的破损。到了第十天时，孩子再也熬不住了，这件事一直压在心头，让他提心吊胆特别难受。

终于有一天，孩子哭着鼻子向爸爸承认了自己所犯的错误。爸爸对孩子说："没事儿，儿子，一会儿我把它糊上，你以后别敲墙就是了。"后来，这位孙先生在修理墙壁时，就让孩子帮忙拿糨糊、扶梯子，做些力所能及的事情，给了他一个修正错误、承担责任的机会，而孩子在参与糊墙的时候也是非常快乐的，因为这个错误，他还多学会了一样修补墙体的本领。

在失败中学到更多，实际上是一种能力的体现，这种能力被称为逆境商数，即AQ。

逆境商数，在近年来受到更多人的关注，是继智商和情商之后，被人们认为是最重要的成功基本素质之一。

所谓逆境商数，主要是指当一个人面对逆境时的挫折承受能力与反逆境的能力。简单地说，就是一个人在面临失败和挫折时，不会倒下的同时还能从失败中汲取经验和能量的能力。

在儿童教育领域，逆境商数也来越受重视。因为越来越多的生活实例告诉我们，有些孩子往往学习成绩非常好，交朋友的能力也非常好，但就是无法面对失败，更经受不住些许失败所带来的打击。

专家认为，逆境商数高的孩子，从小到大都非常的坚强。在面对突如其来的失败时，不会变得茫然失措或者一蹶不振，而是会以惊人的毅力来保持冷静和克制，进而从容面对。同时，这类孩子还能充分发挥主观能动性，主动找出走出失败

的新方案。这类孩子在将来进入社会后，在遇到失败时至少不会有畏缩、恐惧的心理。

那么父母该怎样培养孩子的逆境商数，让他们具备从失败中学到更多呢？

1. 面对失败时，莫要抱怨。怨天尤人，发泄情绪，不会对挽救失败有任何作用，而且只会让损失更大。

2. 要教会孩子从逆境中看到希望的方法。

3. 保持一个乐观积极的态度。乐观并非是盲目的乐观，而是一种积极的生活态度。要让孩子明白，现在遇到的失败不过是大江大河面前的一条小水沟罢了。

# 教孩子学会自我反省

自我反省的能力是人的一种内在能力，是认识自我、完善自我、不断进步的必备条件。家长应从小就培养孩子的自我反省能力。

培养孩子的自我反省能力，家长不妨借鉴以下几点：

### 不直接对孩子的错误横加指责

当孩子犯错误时，家长不要一味厉声斥责，可采用冷静的态度，从侧面引导孩子进行自我检查，检视自己的过失。

### 让幼儿自己承担犯错的后果

孩子做错了事，家长最好让孩子自己去承担犯错的后果，让孩子明白，一旦犯错，将会造成不良甚至严重的后果。

### 重视负面道德情感的良好效应

让孩子体验羞愧、内疚等负面情绪，也会使其受益匪浅，更能在孩子的心中留下深刻的印象，促使他不断自我检查，改正错误。如孩子做错事，家长可直接平静指出错误所在，促使孩子自我反省，引起他的羞愧感和内疚感，以后不再犯类似错误。

Step2:给孩子自我反省的时间

# Step3:鼓励孩子多尝试

## Test:孩子最喜欢新游戏、新玩法吗?

有很多孩子是比较"保守"的,他们不愿意尝试新鲜的事物。孩子不喜尝试新鲜事物,主要表现在以下方面,家长可以借以对照自己的孩子。

1. 不喜欢当众讲话,举手发言;
2. 和妈妈去菜市场时,不愿意自己掏钱买菜;
3. 很长时间都不愿意和新来的邻居家的小孩一起玩;
4. 家里来了孩子从未见过的亲戚时,孩子就会非常认生或者直接跑出去玩,不愿在家呆;
5. 不允许妈妈挪动自己屋里的床或桌椅,只想保持老样子;
6. 尽管自己拿筷子的手势不对,但在父母多次矫正之下,仍然固执地用错误的手势。

事例回放:惧怕当众讲话,火了语言训练班。

虽然距离放暑假还有一个多月,但各种培训班已经开始火热报名了。不过这其中最火热的不是各种才艺班,而是"口才班"。这门课应家长要求,以培养孩子语言、沟通能力为目标,火爆程度超乎想象,甚至有一个小区内诸多家庭组团包车来上课。

与其说是练说话,不如说大多数孩子是来口才班练胆的。家长为什么这么喜欢这个班?负责培训的老师说:"我们的培训主要是针对那些特别不爱说话的孩子,家长把他们送来的目的很单纯,仅仅就是希望他们多说话,多交际。"

小建从小不爱说话,读幼儿园中班的时候,见着家里的亲戚还要往妈妈怀里躲，见了长辈从来不叫人。后来打听到有口才班，妈妈把小建送来学说话。2个学期过后，有一次家庭聚会上，小建带头给爷爷敬了一杯饮料，很顺溜地说出了一套祝酒词，小建妈妈非常欣慰，她觉得："在口才班学的虽然不是什么具体的才艺，但她现在交际能力好多了，还敢竞选班干部了，这对于孩子来说，无疑就是为今后的发展多储备了一份竞争力。"

很多家长也都认为："未来社会竞争压力大，情商很重要，会交际才是真本事。"一位正在等候孩子上课的家长说。而另一位爸爸则很高兴地被儿子"赶"出了教室，"这个男孩绰号叫洒水机，因为他去什么新地方都要号啕大哭一场，今天来我们这里上课不但不哭了，还让爸爸早点回去，你说家长能不高兴吗？"培训课的老师说。

很多孩子后来之所以爱上这里，是因为他们觉得在这里说话竟然也能得到很多成就感。相对于家长，孩子的目的单纯很多，他们发现，上这个班很开心，原本在人前开口很紧张，在这里说话却很放松，一点负担都没有。通过老师的引导，很多孩子都已经学会用更有逻辑、更丰富的方式表达，经过一段时间的学习后，他可能会说出类似这样的话："天上有像棉花糖一样的云，有像小狗一样的云，还有像海浪一样的云。"

很多才艺班，孩子刚开始都很喜欢，但学着学着越来越难，不少孩子就会开始退缩，而口才班的情况正好相反，不少孩子一开始抱着无所谓的态度被家长送来，后来一个个都舍不得走。

事例分析：为什么会这个样子呢？

其实是可以理解的，因为当孩子尝试新鲜事物时，他们就担心自己肯定要犯错误。如果觉得自己无论做什么事都要做得完美，也就不愿做出任何尝试，因为至少那样不会让他的爸爸和妈妈失望。

但这个时候，如果父母心焦气烦失去耐性，径直走过去说"让我来替你做吧"，这将会大大打击孩子的积极性和自信心，同时也暗示他们没有能力做好这件事。通常情况下，阻碍智能发展的事情就是以这样的形式发生的。而父母慢慢会发现他们曾经很擅长或是有潜质的方面不再发展了。如果出现了上述情况，就说明孩

子已经不喜欢尝试新鲜事物了，至少不会像以前那么积极了。

另外，父母不恰当的过多干涉，也是阻止孩子不敢尝试的原因之一。例如当孩子们因自己某方面智能较强而遭人嘲讽时，就在他内心深处播撒了不自信的种子。一旦孩子们经常听到"那样做永远都不管用"和"我们从来也没有那样做过"，他们就不再愿意多做尝试，因为这已经是父母证实过的死胡同，尽管事实不是这个样子的。

## Why:孩子不敢尝试新挑战

如果孩子不敢尝试新挑战，父母该怎么办？其实解决之道就在这个问题本身。先把孩子最不愿尝试的挑战找出来，然后帮助他逐一克服，等到这几个他最不愿尝试的挑战都不成问题的时候，他也就会愿意去尝试其他新的挑战了。

所谓新挑战，即是孩子之前从未做过，并且从未有勇气敢做的事情。如果把这些事情进行总结和归类，一般能分为四类挑战。

1. 勇于突出自己，主动往前站

中国孩子有几个不自信的典型表现：

老师准备提问时，很多孩子都会快速把头低下，或者装作正在看书的样子，总之是不会大胆昂首挺胸，否则就会很突出，很容易被老师点到自己。他们怕受人注目的原因就是缺乏信心。 因为敢为人先，敢上人前，敢于将自己置于众目睽睽之下，就必须有足够的勇气和胆量。久之，这种行为就成了习惯，

到上体育课时，更是不会往前站，要不然很容易就会被点到。

纵观古今中外历代成功的伟人，无一不是自小有着敢为天下先的勇气和自信。那些畏首畏尾、只知道求自保的人，是永远不可能成大事的。

2.将眼睛睁大，正视别人

如果您注意观察就会发现，自卑的孩子，往往在和别人交流时，把头埋得很

低,即便是抬起头,也不敢用眼睛直视对方。

其实不只是孩子,大人们也是如此。为什么会这样呢?

其实道理很简单,眼睛是心灵的窗口,通过一个人的眼神就可以折射出他的性格和自信与否,以及有否透露出情感。眼睛就是这样,能够传递出微妙的信息。如果一个人不敢正视别人,就意味着其内心世界的自卑、胆怯、恐惧;如果一个人总是刻意躲避别人的目光,就说明其内心不够坦荡,有所隐瞒。这就是为什么很多孩子在撒谎或做错事的时候,不敢正视大人的缘故。

家长需要教导孩子,让他学会在和别人交流时,正视对方,因为这样做就是在告诉对方:"我是诚实的,光明正大的;我非常尊重非常敬重你,喜欢你。"这是一种积极心态的反映,是自信的象征,更是个人魅力的展示。

由于很多孩子已经养成了低头的习惯,所以双目正视对他们而言是个新的挑战,父母要耐心予以辅导。

### 3. 昂首挺胸,步伐稳重

在行为心理学领域内,一个人的肢体语言可以透露出许多内在的东西,比如这个人自信与否。这一点普通人也都深有体会,一个事业有成、胸怀坦荡的人,他走起路来肯定是昂首挺胸,双腿肯定也是不乏稳重,速度不快不慢,总之就是给人一种铺面而来的自信和诚恳。

说到这一部分内容,可以想象的是,不知有多少父母都因纠正自己孩子的驼背姿势而操碎了心。他们发现自己的孩子年龄虽不大,但走起路来却是目视地面,微微驼背,步伐也很沉重或是轻佻,有时候甚至在平地上都会摔跤。心理学家认为,懒散的姿势、缓慢的步伐是情绪低落的表现,是对自己、对工作以及对别人不愉快感受的反映。反过来想,父母则可以通过改变孩子行走的姿势与速度,有助于心态的调整。而且步伐轻快敏捷,身姿昂首挺胸,会给人带来明朗的心境,进而产生出自信与力量。

### 4. 当众讲话

不要小看这件事情,事实上有很多孩子都无法做到这一点,即便是到了很大

的年龄，这件事情对他们而言仍然还是个巨大的挑战。的确如此，一个人要面对大庭广众讲话，需要极大的勇气和胆量，这是培养和锻炼自信的重要途径。在我们周围，有很多思路敏锐、天资颇高的人，却无法发挥他们的长处参与讨论。并不是他们不想参与，而是缺乏信心。

孩子们的大脑中，有一个消极的潜意识，即"宁可不说，不能说错"。他们都认为："我的意见可能没有价值，如果说出来，别人可能会觉得很愚蠢，我最好什么也别说，而且，其他人可能都比我懂得多，我并不想让他们知道我是这么无知。"

需要注意的是，在将这个方案应用到实际中去时，父母要特别注意把握自己的情绪，要有耐心，不要动不动就对孩子发火或者表现出失望。

## 肯定自己，才会发现自己的力量

一个人要想有勇气去迎接挑战，就必须首先相信一点，即"我能行！我是最棒的！"，只有先进行这样的自我肯定，他才能拥有克服困难和挑战的力量。

小磊最近因为一个意外，自己的右手被切除，这对一个孩子来说，简直就是毁灭性的打击。妈妈整日以泪洗面，不知道该如何鼓励孩子重拾对生活的信心。爸爸知道，传统的说教已经无法让小磊听进去，所以他决定给孩子找一个好的参照对象，来让孩子重新对自己的能力进行肯定。

有一天，父亲拿来一张光盘来到儿子的房间，和他一起观看了一部有关约翰·库提斯的纪录片。

约翰·库提斯是何许人也，确切地说他是一个只有上半身的残疾人。

1969年，约翰·库缇斯在医院出生。第一次看见儿子的父亲并没有高兴多久，因为医生告诉他，您这个只有可口可乐罐子那么大的儿子很快就会死掉，因为他的

腿天生就是畸形的。而且没有肛门，躺在观察室里面奄奄一息。医生告诉约翰父亲，他几乎不可能活过24小时，还是赶快出去给孩子买一个合适的小棺材吧。

但几天过去，约翰仍然顽强地活着并成功度过了危险期。

然而这也注定了约翰苦难旅程的开始。由于个子非常小，周围的一切对小约翰来说，都像庞然大物。小约翰非常胆怯，对任何比他大的东西都充满恐惧。尤其是家里的狗经常欺负他。父亲认为，应该培养小约翰的胆量，让他勇敢起来，毕竟将来的人生要他自己一个人去面对。

"你必须自己面对一切恐惧，勇敢起来。"一天，父亲对约翰说过这句话后，把小约翰和家中那只狗一起关在自家后院。父亲走后，后院很快传来小约翰撕心裂肺的求助声，同时还有狗的叫声，而父亲一直待着没有伸出援手，附近的邻居听到声音后，报了警。等警察和父亲一起走进后院的时候，大家惊讶地发现，小约翰正骑在那条狗的背上，像一位骄傲的牛仔。

通过这次考验，约翰在父亲的帮助下明白了一个道理，当你觉得恐惧的时候，就必须试着接近你所恐惧的事物，这样才能真正克服它。

在进入学校后，约翰的噩梦才真正开始。学校里有很多调皮学生，个头矮小的约翰几乎成了他们的玩偶。他们掀翻约翰的轮椅，弄坏他轮椅上的刹车，让他从学校走廊直接"飞"进了老师的办公室，甚至把他绑在教室的吊扇上。有一次，几个同学用绳子绑住他的手，用胶纸封住他的嘴，把他扔到垃圾箱里，接着在垃圾箱外点起了火。滚滚浓烟令约翰窒息。他恐惧极了，瘦小的身体拼命地挣扎着，直到一位老师把他解救出来。

这些痛苦的遭遇让约翰无法忍受，他回到家，望着镜子中的自己，想着自己一次次被折磨，被侮辱的遭遇，他号啕大哭。他想："为什么只有我的生活这样的悲惨，在学校里，我就像一个怪物，我的存在只是让更多的人得到开心取笑的对象。这样的日子活着还有什么意义？" 后来在母亲的劝解下，约翰放弃了自杀。

"永远都不要认为自己很惨，世界上比你更惨的人多得是。"现在回忆起来，约翰幽默地说。

1994年，约翰·库缇斯获得澳大利亚残疾人网球赛的冠军。

后来在一次午餐会上，约翰应邀对自己的经历作简短的演讲。他的经历和现

状让现场观众热泪盈眶,赢得了热烈的掌声。一个女人跑到台上,哭着告诉约翰,她非常不幸,正准备自杀,身上还带着手枪,听了他的演讲后,她觉得自己应该好好地活下去。正是这次偶然的公开演讲,给约翰带来了全新的人生。

现在,约翰是全世界最著名的励志演讲家,在190多个国家,做了800多场演讲,他用自己的亲身经历,激励和影响了200多万人。

在了解到约翰·库提斯的经历和事迹后,小磊便渐渐不那么绝望和消极了,他开始对自己剩余的左手进行系统训练。由于右手无法使用,所以小磊的左手渐渐变得异乎寻常的强大,并很快在学校举行的乒乓球比赛中获得了冠军。

## 给孩子体验成就感的机会

成就感会给人带来一种特殊的感觉,可以说再自卑的人,只要有了成就感,就有可能变成最自信的人。

很多孩子之所以不敢尝试新事物,是因为担心失败后带来的自卑感。这就需要父母来进行专门的安排,让孩子亲身体验到成就感。

小雷的父母最近发现,自己的孩子小雷可能患上了"溜冰恐惧症"。年前的时候,爸爸带他去玩了一次溜冰,结果第一次穿上溜冰鞋的小雷因为技术不熟练,一上场就摔了个仰八叉,屁股差点儿摔两半儿,更要命的是当时整个溜冰场有不下50个人都见证了小雷的这一瞬间,当小雷摔倒后所有人都爆发出哄堂大笑。当时小雷的脸上一阵红一阵白,简直囧到了极点。最后在爸爸的搀扶下,小雷才慌忙逃离溜冰场。

此后的一年时间里,小雷就再也没有提过去溜冰,甚至不允许家人在他面前谈论与溜冰有关的话题。

爸爸觉得这样下去也不是个办法,小雷一辈子不溜冰倒不是最严重的事情,关键是如果他日后遇到类似的情况,还是要选择逃避吗?

终于在小雷放寒假的时候,爸爸和妈妈,还有小雷最崇拜的表哥,都专门过来给小雷做思想工作。最后在众人连哄带骗之下,小雷总算是再次来到了那个让他

蒙羞的梦魇之地，溜冰场。

为了让他有安全感，表哥也亲自换上溜冰靴，在他旁边保驾护航。经过近一个小时汗流浃背的练习，小雷才终于敢撒开表哥的胳膊，自己独自开始往前滑。半个小时后，他已经能够比较熟练地快速前行了。后来渐渐放弃胆怯的小雷，还逐渐摸索出了正滑、倒滑等技巧，当他在溜冰场里风驰电掣般地来回穿梭时，着实体验到了一种克服困难后的成就感。

从此之后，小雷便不再害怕去溜冰场，不仅如此，他还变得比以前更加自信。

有两个小故事，很能说明心里暗示的强大影响力。

有一个充满寓意的童话故事：有一位美丽的公主，从小就被一位巫婆关在一座高塔上面，每天只能见到巫婆。巫婆每天都对她说："你的样子丑极了，见到你的人都会感到害怕。"

公主相信了巫婆的话，怕被别人嘲笑，不敢逃走。直到有一天，一位王子经过塔下，看到了公主那如仙的美貌，惊为天人，救出了她。这位公主才对着镜子意识到自己原来如此的美丽。

还有一个充满哲理的故事：有人去泰国大象乐园游玩，看到巨象独自被拴在一个小树桩上，那根细细的链条根本不足以把身强力壮的大象束缚住，但是大象却丝毫不知道这一点，只知道顺从地待在那里。

游客问导游这是为什么，导游解释说，这是因为这些大象在刚出生的时候就被这个链条和项圈束缚住，那时小象还没有足够的力气挣脱锁链，在尝试了一两年之后仍然无法挣脱的时候，小象的大脑里就被植入了一个根深蒂固的念头，即那根锁链和项圈是我永远无法挣脱的，那就不要再费力徒劳了。

于是大象便不再反抗，即便是长得身强体壮之后，也是丝毫不去尝试挣脱，即便这对此时的它来说已是不费吹灰之力。

上述两个例子，在不少家庭中也是存在的。在孩子还小的时候，父母就有意无意地不断对其进行负面心理暗示，比如"我们家那孩子，什么都不会！"、

Step3：鼓励孩子多尝试

"你别弄了，你弄不好，等你爸回来了给你弄！" 孩子接受到的就是"笨"的信息；有时，望子成龙的父母有意无意地拿孩子与别人相比，"你看人家丁丁多聪明！""李阿姨的女儿都能用英语和老外对话了，她比你还小呢。"……有时，父母在朋友、外人面前表现谦虚："我儿子不行，很笨的。""这孩子很没脑子的。"

久而久之，当孩子渐渐长大之后，仍然还是被幼年时的心理暗示所左右，变得很是自卑和怯懦，丧失了很多可以体验成就感的机会。

如果家长想让眼前的情形有所改观，就应该马上付诸行动。例如，有意让孩子做一些他最感兴趣的事情，因为最感兴趣的事情，往往是孩子最擅长的事情。这样孩子就比较容易能够体验到成就感。

**Step3：鼓励孩子多尝试**

孩子们在活动场地上愉快地做着游戏。

（袋鼠妈妈有个大口袋……）

## 小事做起，让孩子 试一试

是王瑞着急地哭了。

哇———

怎么了？

老师，我的鞋提不上了。

在教师的指导帮助下，他很快提上了鞋子，又高高兴兴地和孩子们做游戏了。

我提不上。

我相信你会的。我来教你。不信你来试一试？

人的一生许许多多的事情，终究要靠自己去解决！只有从小锻炼孩子不怕困难，有勇气去试一试，才会有成功的希望，才能培养坚强的意志品质，才能为他们在今后的生活道路上承受风雨打下基础。

在日常生活中，对于孩子的事情，我们已经包办得太多！能做的让他自己去做。遇到困难，父母可以鼓励他去克服，让他自己试一试，但决不能代替他！这样，孩子将来才能成为一只自己翱翔的雄鹰！

自立

# Part 5
# 引导孩子成为大脑的主人

孩子对这个世界总是充满着好奇,他们在不断地观察和学习。孩子是精力充沛甚至精力过剩的,不过他们还太小,不太会合理分配和控制自己的精力。如果他们能做自己大脑的主人,相信会大大提高自己的认知能力。

# Step1：别让"唬弄"赶跑信任感

### Test: 你的孩子打针，哭吗？

当生病需要打针的时候，一些孩子总是不愿意，很害怕打针，直到最后勉强答应，也是哭得一塌糊涂。一位妈妈说起了自己孩子第一次生病打针的故事。

我家盈盈小的时候打过预防针。第一次打的时候，她不知道打针会痛，所以在打预防针之前没有任何挣扎，可从打针开始到结束，盈盈哭声响彻医院，让人听得心惊胆战。

等针头一拔出去，我赶快对她说："咦，你看，这个纸杯上有只漂亮的蝴蝶呢。"她的注意力被杯子上印的蝴蝶吸引了，就忘记屁股被扎这件事了。

后来有一次，盈盈生病了，还蛮严重的，得的是急性肺炎。我先带她到门诊部看医生，医生给盈盈开了针剂。取完药后，我告诉她要带她去打针。她一下子就想起了几个月前打预防接种针的情形，立即流露出惧怕的神情。

我带着她走到处置室门口时，她突然说："我不要打针！"口气好像很坚决。我停下来，拉她坐到走廊的椅子上，对她说："你现在生病了，咳嗽，还发烧。你觉得你现在身体舒服吗？"盈盈说："很不舒服。"

"那你想不想让病赶快好起来，让自己舒服些呢？"

盈盈又咳嗽，小脸蛋烧得红红的，点头说："想。"

我亲亲她的脸蛋说："医生开的药就能让盈盈的病好了，能让你身体舒服。要是不打针的话，病就不会好啦。"

小孩子其实最懂事，父母只要正确地把理由陈述给孩子，孩子是会听懂的。她生病不舒服，肯定也想让病赶快好起来。

盈盈从心理上接受了打针，但她还是害怕，满脸忧虑地问我："打针疼不疼呀？"我微笑着平淡地说："哦，有点疼，不过疼得不厉害，就像你那天坐小凳子不小心摔倒一样。"

盈盈听了，忧虑似乎减缓。我接着问她："你那天跌倒了，屁股撞到地板上，你觉得是疼得厉害，还是只有一点点疼？"盈盈如实地说："有一点点疼。"

"哦，打针的疼和那个疼差不多，也是有一点点。"我也如实地地告诉她，然后又说："盈盈摔跤的时候不哭，打针的时候也用不着哭，对不对？"盈盈点点头。

但我能看出她心里还是有一些顾虑和紧张的。于是又给她打气说："妈妈觉得盈盈很勇敢，你试试看自己勇敢不。能忍住就不要哭，要是忍不住，想哭也没事。"我的话给了她鼓励，让她觉得自己是勇敢；又给了她退路，让她觉得就算哭了也没事。

而且我始终以愉快、轻松的表情和话语与他说话，让盈盈觉得打针确实是很简单的事，她也坦然了许多。

孩子的愿望肯定是想当英雄，又由于妈妈从没骗过她一次，对妈妈的话深信不疑，既然只是"有一点点疼"，那也没什么好怕的。

打的时候她很紧张，浑身绷得紧紧的，但没哭，可打完之后却哇哇大哭了。

哭就哭吧，这次哭了，以后可能就不会哭了。面对惧怕打针、容易哭泣的孩子，这位妈妈的做法值得效仿。这里总结一些处理孩子打针爱哭的方法。

糖衣炮弹法

孩子害怕打针、打针时会哭泣，父母可以采取"糖衣炮弹"的方法，让孩子的痛苦和甜蜜相抵消。

在打针之前，父母可以给孩子准备一些甜水或者奶粉，当医生的注射器已经备好，临打的前一秒，给孩子喝。

分散注意力法：一边打针一边玩耍

父母也可以运用分散孩子注意力的办法分散孩子的惧怕感和疼痛感。

比如，对于稍微大一点的孩子，可以在打针的时候带上他最喜欢的玩具或者童话书籍。再大一点的孩子，可以和他一起聊聊"那天那个公园真好玩儿"或者

Step1:别让『哄弄』赶跑信任感

"昨晚的动画片太有趣了"这种比较容易吸引孩子注意力的话题。

低调忽略法：父母不能先紧张

事前或当时乃至打完针之后，父母都不要过分关注孩子的"痛苦"，而是转移到其他话题，忽略这个"痛苦"。

面对现实法：做好坚强的心理准备

如果孩子已经超过两岁，并且知道迎接他的是什么的时候，可以在打针的当天早晨用很轻松或者很好玩儿的方式告诉他，打针究竟是怎样一个感觉，这种"痛苦"的感觉会持续多久，比如"也就眨一下眼睛那么快就不疼了"。

## Why:让孩子了解什么是痛苦

当孩子即将面对诸如打针的痛苦时，父母不应该随便糊弄孩子、告诉孩子打针根本不痛，而是应当让孩子了解什么是痛苦，孩子才能有心理准备，才能接受痛苦，才能信任父母。

一位妈妈回忆说："有一次，我在医院走廊里看到一个六七岁的小男孩和父亲争执着，孩子不愿意打针，而他的父亲，一个人高马大的大男人真就拉不住他。父亲虽然也用了大力气，可几次想抓住孩子，最后都被挣脱。那个小男孩的反抗真可以用"拼了命"来形容，小小身躯竟然爆发出惊人的力量，凄厉的哭喊声回荡在医院中，让人感到震惊……"

可以想象那位小男孩的恐惧到了什么程度，也可以想象打针这件"小事"给孩子带来多么大的心理折磨。不然，一个孩子的情绪如果没走到极端，能有"拼了命"的力量吗？

这就是孩子事先不知道打针的痛苦带来的结果。可见，父母应当让孩子在承受痛苦之前，了解什么是痛苦。

孩子在成长中会遇到不少让他们感到困难和惧怕的事，父母的职责是帮助孩子克服恐惧心理，让孩子以积极平和的心态面对这些事情，把痛苦降到最低。

还是以打针为例，每个人一辈子要遇到很多次，如何面对，也不是件完全可以忽略的小事。因此，父母千万不要以自己的感受去衡量孩子，认为这很简单，只要把孩子摁住了，或哄骗着就完事了，其实应教育孩子尽可能平静地接受，并培养他们忍耐痛苦的勇气。

玲玲和父母一起到亲戚家做客，回来的路上，玲玲突然大声地说："妈妈，我把包落在姨妈家了。"

如果刚出来本来是可以返回拿的，可这时候车都快到家了，于是妈妈就说："现在都要到家了，说不定姨妈也准备睡觉了，只好明天再拿了。"

但玲玲却不听劝告，她哭着说："不！我现在就要去拿回来，我不要把我的小包留在那里。"

妈妈继续安慰她说："咱们都快到家了，就不回去拿了。反正也不会丢，姨妈会帮你收拾好的。"

"不！我就是要拿回来！现在就去。"玲玲的哭声越来越大了。看到父母都没有往回开的意思，玲玲越发暴躁了，她继续喊："停车！我要回去拿我的包，我不能把它留在那里。"说完用脚不停地蹬地。

妈妈一再地说没事，包不会丢，姨妈会帮她收好，可孩子就是倔，说什么也不管用。

妈妈当然也知道玲玲很难受，甚至还想要么干脆再回去，可想想这是一个让孩子自己承担行为后果、了解痛苦的机会，就放弃了。

基于此，妈妈接着说："是谁忘记的？""我。"玲玲抽泣着。

"你看，是你自己忘的。自己做错了事就要承担后果。明天再拿吧。"

"不行！我就是要现在回去拿。我不要把包留在那儿。"

玲玲依旧哭得上气不接下气，接着一阵猛咳，听得父母是又心疼又心烦。

一会儿，妈妈说："我已经告诉你解决办法了，你不答应。如果你还是要哭就哭一会吧。"

Step1:别让『哄弄』赶跑信任感

192

玲玲听到妈妈好像已经决定不返回了，就尖声哭叫："我不要！我就是要现在去拿！停车！停车！"

接着，玲玲开始恐吓妈妈，她说："再不停车我就生气了！"

妈妈说："我已经生气了。"

玲玲说："你不许生气！"……

妈妈只得当着玲玲的面打电话给她姨妈，可孩子马上抢了电话，让姨妈把包拿下楼，言下之意是玲玲会马上回去拿。

妈妈真的是没有办法了，就主动去体会、理解孩子的心理，她对孩子说："妈妈特别理解你为什么想哭，因为你忘了你的包。你不想丢下它。但现在没办法了，而且包不会丢的，明天就拿到了。"

玲玲还是哭……到家的时候，玲玲伤心地对妈妈说："妈妈，我不能和我的小包分开，我们是好朋友。我不能和我的好朋友分开，我会想它的。"

上楼梯的时候，玲玲要妈妈抱着她，嘴里一直唠叨着一句话："我和小包是好朋友，我不能和它分开。我会想它的。"

父母感觉又好笑又难过。不过，事情总算平静下来了。等明天再带她去姨妈家拿包。

总之，父母应当试着让孩子自己去了解痛苦，虽然当下孩子会很难过，但是将来孩子肯定能够更加坚强。

## 让孩子认识到能承受的痛苦

当孩子了解了什么是痛苦之后，父母应当让孩子去面对痛苦，并让孩子知道自己能够承受什么样的痛苦。

哭闹、发脾气、在地上打滚等等这些现象在孩子成长过程中会经常出现，因为孩子的成长过程中总是会有这样那样的痛苦。可虽然成长包含着痛苦，但是并非所有的痛苦都有利于孩子的成长，需要父母做出理智的评估。

### 不要被孩子的痛苦所控制

莉莉六岁了，很喜欢看动画片。一次，到了播放动画片的时候，妈妈却不同意让莉莉看，因为她的作业还没有完成，这是莉莉和妈妈的约定：只有当作业完成的时候，才可以看动画片。可莉莉似乎已经忘了这个约定，当妈妈不同意的时候，她就躺在地板上打滚，还苦苦哀求说："就20分钟，我看完了再做不就成了吗？"

当父母碰到莉莉这样的情形该怎么办？其实，父母一定要为孩子制定一些规则。可很多时候，父母会发现，制定规则其实并不难，艰难的是让孩子坚持。莉莉就是这样一个孩子。

当孩子哭闹着要看动画片，而不按时完成作业时怎么办？当孩子苦苦哀求地要吃冰淇淋，不想吃饭怎么办？当孩子发脾气要到动物园玩耍，而不练习钢琴时怎么办？父母需要思考几个问题。

首先，您的价值观和行为原则是否已经被孩子的情绪反应决定？

其次，您是否让孩子觉得，他有权利永远都是高高兴兴的，而父母只能按照他的意愿行事？

第三，您是否认为让孩子承受痛苦不利于孩子的成长？

对于这三个疑问，父母应当持否定态度。

虽然父母的管教通常会招来孩子的反抗，孩子也会经常以各种极端的方式试探父母的底线，但是孩子经受痛苦并不意味着会发生不利的事情，相反，这样的痛苦反而帮助孩子了解什么是对错，什么是规则。

因此，父母可以同情、理解孩子的痛苦，但必须坚守自己的原则和立场。在经过几次较量后，孩子会从痛苦中学会遵守规则。

比如，对于莉莉的行为，妈妈可以对她说："妈妈知道你很想看动画片，但是我们已经制定了规定，要做完了作业才能看电视吗？"

### 让孩子知道生活不是要逃避痛苦，而是接受并战胜痛苦

飞飞今年九岁了，有一天他哭哭啼啼地哀求妈妈说：" 妈妈，求求你了，我不去游泳，除非换个老师。这个老师只会骂人，不会笑！"看着孩子痛苦的样子，妈妈开始发愁了。

上学迟到被老师批评，作业太难不会做，上课发言被同学讥讽……这些都是让孩子感到难受、痛苦的事情。如果父母容许或者不自觉地引导孩子去逃避这些挫折和痛苦，那么孩子今后的人生会面临更大更多的痛苦。父母应当让孩子知道，生活不是要逃避痛苦，而是要好好学习如何面对痛苦。

比如，飞飞妈妈可以这样告诉他："孩子，生活很多时候是很难的，我知道老师是很严厉，但我相信你能足够勇敢地去面对。"

### 确认这种痛苦是让孩子成长的痛苦，而不是有所需求的或受伤的痛苦

萍萍已经进幼儿园三个月了，可今天突然和妈妈说不想再去幼儿园了，萍萍妈妈当时就急了，马上大声呵斥萍萍说："不行！小朋友都要上幼儿园的！"于是，萍萍大哭起来："我不要，我就是不去！"

但事后妈妈想，萍萍为什么不愿意上幼儿园？应该是有什么原因，于是就抱着萍萍，轻轻地询问。原来，昨天萍萍的裤子不小心尿湿了，老师无意大声说了她一句，她感到很委屈。

可见，父母需要了解孩子行为的原因，分析这种痛苦是受挫折的痛苦、爱的需求得不到满足或者是受了伤的痛苦。萍萍的哭闹，显然和受了伤的痛苦有关。

对一些孩子来说，往往是因为吃、喝、拉、撒、睡等基本需要得不到满足的痛苦，对于这样的孩子，父母在教育孩子之前，要先满足这些需求。年龄稍大的孩子，他们面临的痛苦的原因就会广一些。

比如，从父母和他人而来的受伤的感觉；人际关系中的无力无助；家庭结构和生活形态的变化；医学及生理上的原因，等等，这些痛苦往往是不能硬推给孩子的，是孩子不能承受的痛苦，需要父母和孩子一起承受。

## 告诉孩子有必要承受的痛苦

让孩子面对痛苦，不仅要让孩子认识到自己能够承受的痛苦，还应当告诉孩子必须承受那些痛苦，才能得到很好的成长。

最近几天，蕾蕾每天从幼儿园回到家之后经常是泪眼汪汪的，妈妈非常紧张。原来，她常常算错算术题，一些小朋友借此嘲笑她。妈妈听了非常难过，却不知道该如何帮助蕾蕾。是告诉她，妈妈和她一样难过呢？还是告诉她这种事没什么大不了呢？

孩子必须承受痛苦

孩子没能在幼儿园的画画比赛中获奖，看到她难过的样子，父母的心跟着她一起失落；孩子不小心摔了一跤，手脚都擦伤了，虽然父母知道这没有什么大不了，可看见孩子疼痛的表情，父母的身上似乎也在揪心地疼痛；孩子发烧了，虽然医生说他两三天后就能健康如常，可是看到孩子虚弱的脸庞，父母恨不得替孩子受这疾病之苦……

确实，现实中，孩子总是会遇到很多伤害，疾病、痛苦、失望……它们随时都会出现在孩子的生活中，孩子既不能完全避免，也不能每次都妥善解决，让父母觉得很无奈。

但对孩子来说，由于无论年纪多小，内心多脆弱，都必须面对各种痛苦，比如，心爱的宠物小狗被车碾了，奶奶去世了，老师和同学不喜欢自己，等等，这是孩子作为一个人所必须经受的。但是，孩子越早知道这个道理越幸运。

### 带孩子应对伤痛

虽然在成长过程中,在承受痛苦的时候,孩子会沮丧、无助甚至绝望,但这是成长的一部分,拒绝或者绕道而行都是不可能的事情。作为父母,应当和孩子一起感受痛苦,并帮助他找到应对的方法,让孩子更加坚强。

#### 1. 让孩子说出自己的感受

痛苦虽然不可避免,但却可以得到缓解。当最要好的伙伴与孩子闹翻了,还和另外一个同学打得火热的时候,父母应当如何处理孩子这样的痛苦呢?是鼓励孩子和那个伙伴和好?似乎不太可能。

其实,这是孩子必须承受的十分普遍的痛苦。一个比较有效的办法就是,父母对孩子表示同情并鼓励他说出自己的心里感受,父母耐心地倾听,并告诉孩子父母很理解他的感受,并肯定他为此付出的努力。

#### 2. 利用新的快乐掩盖痛苦

让孩子理解和接受伤痛的一个办法就是让他重新体会到生活的各种乐趣。

比如,对于失去要好伙伴的孩子来说,父母可以让他在幼儿园里找一个新的朋友,让他参加自己感兴趣的课外活动,让他在周末和年龄相仿的小朋友一起到游乐场玩耍,还可以鼓励孩子去帮助周围那些不快乐的人,比如幼儿园里和他一样不开心的孩子,周围邻居中被疾病困扰的老人……这些都会帮助孩子慢慢忘记痛苦,重新快乐起来。

#### 3. 让孩子发现自己的力量

对孩子来说,在其他方面获得成功,能极大地减轻挫折带来的痛苦,父母可以让孩子在应对伤痛中发现自己的力量,从而快乐起来。

比如上文中提到的蕾蕾,她的痛苦来源于其他小朋友对她的嘲笑,让她觉得自己是不聪明的,不讨人喜欢的。父母必须让她承认自己的悲伤和恐惧,并树立起

自信，以便应对她在幼儿园里受到的压力。

于是，蕾蕾妈妈除了和老师交流蕾蕾的状态，在家里辅导蕾蕾学做算术题之外，还带蕾蕾去学跳舞，几个月之后，蕾蕾参加了幼儿园的舞蹈演出。在舞蹈上取得了成功，让蕾蕾看到了自己的能力，树立了自信，自然不再伤心、恐惧啦。

总之，孩子不开心、痛苦是必然的，感到不安全、有时会孤独、害怕被遗弃都是童年的天性，就算是各方面天赋都很好的孩子也不例外。而当孩子因此而悲伤时，父母的态度和想法显得很重要。

倘若父母因为孩子痛苦而变得过分焦虑，孩子就会觉得自己在父母的心里就是一个悲剧人物，他们会因此更加痛苦；倘若父母对孩子的痛苦视若无睹，孩子则会觉得孤独，甚至被父母误解。

其实，父母应当告诉孩子，每一个人都会经历痛苦，也只有经历痛苦之后，才能得到良好的成长。父母要耐心地和孩子交流，谈论他们的痛苦，让孩子知道痛苦会随着时间慢慢淡化，直至消失，只要他和父母一起努力，定能改变窘困的局面。

Step1:别让『唬弄』赶跑信任感

# Step2:别遮住孩子观察的眼睛

### Test:孩子的观察力怎样?

观察能力,是孩子成长的关键素质之一。如果您注意看就会发现,孩子总是用贪婪的目光来审视这个世界,就是因为他们正在拼命观察这个世界的点点滴滴,这是提高他们认知能力的关键一步。然而不同的孩子之间,其观察能力的强弱可能会存在个体上的差异。您可以采用如下方法来判断自家孩子的观察力。

由于具备观察能力的前提是能够做到集中注意力,所以我们的很多测试项目都是和测试注意力有关的,所以这里事先要说明一下。

1. 孩子在做功课时不能专心致志,一会儿做这个,一会儿玩那个,很难静下心来学习。
2. 明明是很简单的题目,孩子肯定都会做,但却是磨磨唧唧完不成,甚至一两个小时。
3. 孩子上课不喜欢举手发言,被老师点名了,也常回答不上来。
4. 孩子被老师和父母批评之后,背上思想包袱。上课时在想,写作业时还是在想,以至于无法专心学习。
5. 孩子如果遇到喜欢的卡通片,或者参加喜欢的课外活动后,仍然会长时间沉迷于其中,以至于到第二天上课还在回想,甚至上课时与同桌讲话,注意力无法及时转移到学习上来。
6. 孩子做作业粗心大意,做事经常三心二意。
7. 孩子上课有时不能进入状态,听课时也是心不在焉。
8. 在家里做功课时,如果突然听到脚步声或有人走过来,就会掉头张望。每逢大人在客厅看电视的时候,他就容易坐不住。
9. 读书静不下心来,无法将专注时间持续30分钟以上。
10. 孩子很爱穿那一两套自己特别喜欢的衣服。
11. 哪怕很小的事情孩子常担心自己做不好。
12. 教育孩子的时候,孩子常常会左耳进,右耳出,不知我在说什么。
13. 遇到有担心的问题,孩子就会终日考虑,干什么事情都提不起精神。
14. 孩子做事情没有定计划的习惯。
15. 要孩子参加自己不喜欢的活动,他特别难受。
16. 某次搬家之后,孩子总是无法辨别小区众多楼宇之间自己家所在的那栋楼。
17. 如果小朋友和他有相同的玩具,他就很容易把双方的玩具弄混淆。
18. 总是无法把所有亲戚的称呼搞清楚,以至于每次走亲戚都会叫错。
19. 去动物园之后,无法准确描述超过四种以上动物的各自特征。

教会孩子吃 苦 就是给孩子 幸福

199

如果上述项目中，您的孩子有超过一半都是无法做到的，那么他的观察能力可能就不是那么好了。

那么这类孩子的家长应该过于担心吗？事实上对待这个问题要客观，不必过于担心，也不能完全不重视。孩子的观察力主要受到自身智力和认知能力的影响，总的来说个体差异是存在的，但彼此差别不是很明显。儿童的观察力尤其自身特点：

缺乏持续专注能力

儿童一般很少会自觉地专注于某一特定目标而进行观察，常容易受到身边事物的突出特征所影响，即儿童往往会观察身边的他所认为的那些比较特殊的物体。

这是出于兴趣和爱好所致的，但在这个过程中往往会容易受到干扰和影响，这就是大人们常说的三分钟热度，所以儿童常会在这个过程中忘记观察下去或频繁更换观察对象。

注意力分配能力较低

成年人在想一件事情时，就会主动将自身注意力和精力集中在一个点上，有时候甚至能一动不动地苦思冥想数个小时。

但这对于儿童来说就比较困难了。一般来说，3岁左右的幼儿持续观察图片的时间大约只有5~6分钟，随着年龄的增长，时间会有所延长，6岁时大约能达到12分钟。

对于他们不感兴趣的对象，观察时间会更短，有时不到一两分钟。也就是说儿童的观察力实际上是受情绪和兴趣支配的，而不是由儿童自身来精准控制的。

在了解自家孩子的观察能力之后，就要适当地用各种方法来对其进行锻炼和有意培训了，毕竟，我们谁都不愿有一个马虎的孩子。

## Why:"马虎"先生可不好

有一首儿歌《小画家》里说的是丁丁是个马虎大王,画的马儿没尾巴,公鸡四条腿……现实生活中,不知道您的孩子是否也是个马虎大王呢?是否常常读书跳字、把69写成96……

如果是的话,相信您已经为矫正他这个毛病磨破了嘴皮子。很多孩子都是如此,尽管老师和家长常提醒,要他(她)认真,可他(她)总改不了。老师家长都生气,认为是孩子粗心或是偷懒,孩子更是一脸委屈和困惑。

但是,我们的家长是不愿意让孩子成为马虎先生的,因为那样一旦孩子踏入社会,那么这个毛病所造成的问题就可大可小了。下面就列举几个因为个人马虎疏忽而造成的触目惊心的事故。

### 在桥上"撒尿"的英国女王

没错,您没有看花眼。历史上真的有这样的事情发生,当年英国最负盛名的老牌报纸,《泰晤士报》就是造成这一事件的罪魁祸首,事情是这样的。

有一天英国女王维多利亚亲自前往一座新完工的大桥出席剪彩仪式,还成为第一个走过该大桥的王公贵族。这当然是各大报纸争相头版头条报道的大新闻了,不过,《泰晤士报》的编辑却因为一个小小的马虎大意,将一个英文单词中的一个字母给弄错了。这个人将"pass"不小心给写成了"piss",这两个单词只有一个字母的差别,但意思却大相径庭,前者是通过、走过的意思,后者是尿尿、撒尿的意思。编辑本来想说的是女王从桥上走过,但却在马虎之后,搞成了女王在桥上撒尿。最后,报纸就这样被全文引了出来。不过万幸的是,在出售之前被人们发现了这个问题,于是抓紧时间改正然后再版,最后才把校正后的报纸单印一份送给女王"御览"。

报社的成本损失倒是小事，要是真的把报纸给卖了出去，让女王陛下看见之后，不知道她老人家会暴怒到何种程度。

### 美国核弹"大爆炸"

20世纪80年代，美国为了自身的国家安全，在全国各地不同位置部署了很多个导弹发射井，发射井内竖立的都是真正的导弹，这些导弹内部装的也都是实打实的核弹头。这样做就是为了在美国遭受袭击时发射核弹导弹去报复对手。

1980年9月19日。凌晨3点左右，美国中部阿肯色州的首府小石城，正是人们睡得最香的时候，小石城郊区的一个美军导弹发射基地里，猛然传出一声巨响。夜晚的宁静使得这一声巨响更加撼天动地，几千米外的小石城有许多人被从睡梦中惊醒，并感到了大地的抖动。巨大的声响是从基地的一个发射井里发出来的。此时基地里乱成了一团，被震碎的玻璃碎片到处都是，警报器发出的刺耳的尖叫使得许多人躲在屋子里瑟瑟发抖，以为遭到了核攻击。

当时的军事专家都被吓得走了魂，因为这个地下发射井里，装的不是普通导弹，而是核弹头。如果核弹头爆炸或发生泄露，那么后果将不堪设想。

导弹发射井为钢筋混凝土结构，直径16米，深44.5米，里面存放的是"大力神2"型洲际弹道导弹。由于井盖需要直接抗击核弹攻击，故每个混凝土井盖就重达750吨。但在没搞清是什么使发射井爆炸起火之前，没有人敢前去救火，因为里面有核弹头。不一会儿，专家和技术人员赶到并初步确定，没有强光、没有蘑菇云的爆炸不可能是核弹头引起的。

最后，搜救人员在扑灭大火的同时，仔细搜寻那枚核弹头，最后成功找到，并且万幸它没有爆炸也没有发生泄露。

之后事故调查结果表明，爆炸是由于人们对导弹发射井内部进行维护时，一位粗心马虎的维修工，不小心将一金属的扳手套掉入井底。这个金属套筒撞到了导弹第一级燃料箱的外壳，并将其撞出了一条裂缝，燃料开始外泄并发生剧烈爆炸。事后无论是总统还是核专家都在冒冷汗，因为导弹上的核弹头重达3.5吨，爆炸产生的破坏力相当于100万吨TNT炸药。

马虎的孩子要不得，马虎的毛病也必须要改，家长要很早就让孩子明白，在这个问题上没得商量，没得妥协让步。之后的问题就是如何让孩子变得仔细、认真，以至于心细如发。

## 培养一个体贴的孩子

您是否也曾羡慕别人家的那个细心体贴又善解人意的孩子，其实只要方法得当，您的孩子也能够做到这些。

### 态度和责任感决定一切

很多孩子不能够体贴别人的感受和需求，主要是心态没有调整过来。父母先要着力培养孩子的责任感，让他明白责任的内涵和意义。一点一点地跟他讲解，家庭中和社会中各个角色和人物的各自责任。

例如爸爸的责任就是修家里的电器、搬重物、换灯泡等，妈妈的责任就是做饭刷锅，打扫房间卫生；交警叔叔的责任就是指挥交通秩序，处罚违反交通规则的司机；老师的责任就是教书育人，管理不听话的孩子。

那么孩子的责任，就是听妈妈的话，在学校里好好学习，回到家里帮妈妈做家务，尽量不要捣乱，不要给妈妈添麻烦。

国外的家长就很注意培养孩子这方面的素质，有一个案例可以供大家分享。

在一个度假村中，很多在休憩的游客都看见一位满脸歉意的工作人员，正在安慰一个大约4岁的西方小孩，饱受惊吓的孩子已经哭得精疲力竭了。大家都不知道是怎么回事，问明原因之后才知道，原来那天小孩较多，这位工作人员一时疏忽，在儿童的网球课结束后，少算了一位，将这个小孩留在了网球场。等她发现人数不对时才赶快跑到网球场，将那个被遗忘的孩子带了回来。

孩子因为一个人被留在偏远的网球场，饱受惊吓，哭得跟个小泪人儿似的。

正在这个时候，小孩子的母亲走了过来，蹲下来安慰4岁的孩子，并且很理性地告诉他："已经没事了。那位姐姐因为找不到你而非常地紧张难过，她不是故意的，现在你必须亲亲那位姐姐的脸颊，安慰她一下！"只见那个小孩子踮起脚，亲了亲蹲在他身旁的工作人员的脸颊，并且奶声奶气地告诉她："不要害怕，已经没事了。"

帮助孩子练就一双善于发现的火眼金睛

一个体贴的孩子，要做到眼观六路耳听八方，在家里要能够第一个发现卫生间是否需要清理，垃圾是否满了，是否需要倒掉。当妈妈唉声叹气的时候，可能就是累了，这个时候我就要用我的小手来为妈妈捏肩捶腿。

此外，还可以专门教孩子学会辨认大人的不同表情，让其能够从别人的表情上就能够判断出此人的心情和需要。

一个体贴的孩子，还需要心细如发，具备细致入微的观察能力。

五种感觉综合运用

在观察力的训练过程中，父母可以有意让孩子的多种感觉器官参加活动：看看、听听、摸摸、闻闻、尝尝、做做、写写，亲自实际操作，以增强观察效果。比如听一听，水流声和鸟叫声有什么不同？摸一摸，真花和塑料假花的表面有什么不同？尝一尝，水和醋的味道有何不同？做一做，种些花草树木、养些小动物，家长指导他们留心观察：嫩芽怎样破土而出、花蕾怎样结果、虫儿怎样吃、鸟儿怎样飞……最后写写观察日记：植物栽培日记、动物成长日记、天气变化日记、气温变化日记，等等，也可以让孩子自己把观察过程用图画形式记录下来。

必要的观察方法

有些必要的观察方法是需要父母来传授的，例如可以先让孩子根据观察对象的外部特点从整体到局部或从局部到整体，从左到右、从上到下、从外到内，以及一一对应的观察。然后辅导孩子从不同角度进行观察，家长应引导孩子从远处、近处、正面、侧面等各个角度进行观察。

之后可以教孩子将两种不同的物体进行类比和观察，找出他们的不同点和相同点。

比如比较爸爸和妈妈、爸爸和爷爷、鹅和鸭、小草和韭草、雨前和雨后、白天和夜晚、阴天和晴天……

联想观察法，例如让孩子在观察天上云朵时，至少想象出五种以上的形状。

当孩子既具备了优秀的观察能力的同时，又有了足够的责任感，那么很快他就能成为一个爸妈身边最贴心最善解人意的宝贝儿了。

## 教孩子观察周围环境

一个能够对周围环境进行系统观察的孩子，无疑是自己大脑的真正主人，因为他已经能够对自己的注意力进行合理分配，并且能够将观察到的信息在大脑中进行合理分析。如何培养孩子对周围环境的观察能力？

1. 带孩子去菜市场

每日开门七件事，柴米油盐酱醋茶。让您的孩子也接触一下这些，购买和挑选这些东西的时候，也带着自己的孩子，让他在旁边进行观察。

比如去菜市场或超市的时候别忘了带上孩子，妈妈可以预先和他商量这次来菜市场主要是为买哪些种类的蔬菜，然后引导孩子依据他平时的观察和记忆列出这些蔬菜的特征，特别是一些不太明显的差别，如果有说错的地方，妈妈可以先不断然否定，只是表示怀疑，进而引起孩子的进一步注意。

这样孩子在随后的观察中就会更有目的性；选购蔬菜的时候，妈妈别忘记提示孩子对刚才说错的地方进行特别关注和修正。

回家后，再引导宝宝对蔬菜进行分类，可以按照颜色，也可以按照形状，只要他能有自己的分类标准就可以了，这样也同时锻炼了宝宝的思维能力和创新能力。

2. 教孩子认识地图

确切地说，是教会孩子如何辨认自家的具体位置。至于地图，可以自己根据实际地形进行简单绘制，只留下特征最明显的地面标志。然后先带着孩子从一个距离适中的地方开始向家里走去，沿途速度不要太快，一边走一边提示孩子抬头将最明显的建筑或招牌记在心里。距离可以随着孩子的能力而逐渐拉长，观察的目标也可以从宝宝最熟悉的自己家所处位置开始，慢慢扩展到小朋友家、奶奶家、动物园，等等。这种训练对锻炼宝宝观察力的持久度很有帮助。

3. 教孩子认识所有亲戚

孩子在家里的时间比较多，对家里一切（亲人、物品、家具）比较熟悉。家长可有意识创设各种有利于孩子观察的情境与机会。

例如过年或过节，亲戚朋友都在家里聚会的时候，领着孩子，让他尽量记住所有亲戚朋友的样貌，以及对他们每个人该有的称呼。等大家都离开后，再和孩子一起聊聊刚才他见过的所有人，启发他学会对所有的样貌和特征进行分类记忆和识别。另外，还可以让孩子留心家里人各自采用怎样的行动招待客人；过节了,家里摆设有什么变化等等。让孩子不断得到观察的锻炼。

4. 带着孩子走入大自然

大自然是个有无限知识的宝库，这里多姿多彩的环境对锻炼孩子观察力来说是最好不过了。天天在钢筋水泥里呆着的孩子，也需要到大自然里锻炼一下。如带孩子去参观自然博物馆、花木虫鸟展览会等。每逢有空闲的时候，一定要带孩子去旅游或在假期让孩子到农村的亲友家小住，让孩子尽情观察在城市看不到的大自然的美丽风光。

5. 利用孩子的好奇心

孩子天生就有高度的好奇心，这是训练孩子观察力的最有利优势。父母可以利用孩子对周围世界充满好奇的天性，进行特别的锻炼。例如当孩子问"是什么?"、"为什么?"的时候，只要不是过于高难度的，家长都不必急于告诉孩子正确答案，而是该引导他自己去观察、去发现。

如在孩子上学的时候，遇到大雾天，孩子会问："为什么昨天路旁的树木花草、行人车辆看得清楚，今天却看不清？"

家长这个时候就故意不要告诉孩子答案，而是反问他："对呀，你看看到底是为什么？"

孩子观察后说："有很多白色的气挡住了我的眼睛，让我看不到。"家长可以告诉孩子："那不叫白气，而是叫雾。"

接着还可反问："天上什么时候有雾？雾后天气会有什么变化？"经常让孩子自己去观察和思考，那么孩子以后遇到类似的情况会自己留意去观察、去找答案。

除此之外，家长还可以通过各种小游戏来提高孩子的观察能力。

例如看卡片找不同，玩扑克锻炼注意力和快速反应能力。买一些智力训练的书，每天坚持做练习。一些锻炼观察力、注意力、记忆力的图文，如走迷宫等等。

## 帮助孩子善于观察：4个原则

提醒：要让孩子一直保持"主导者"的角色。父母要想让孩子持续地发挥他的善于观察的特质，需要把握4个原则。

一是幼儿愿意主动参与、符合他能力的游戏。提供给孩子的活动，一定要符合他的能力，更要和孩子的生活经验有关。如孩子喜欢玩跷跷板，在玩的过程中慢慢了解到杠杆平衡的原理。

二是可动手操作、短时间内结果变化明显的活动。对于必须透过感官学习的幼儿，要能很快看到游戏的变化，不超出认知范围，能了解活动的意义，否则，很难引起兴趣。如自己泡巧克力，马上看到巧克力粉溶解在水中的变化。

三是适当提问与对话，不要打断孩子探索。当孩子正在探索时，父母只须在一旁鼓励他"试试看"，当孩子发问时，父母可以抓住这个机会反问，而不是直接告诉答案。在孩子的学习中，一直让孩子保持"主导者"的角色是最重要的。

四是对幼儿没有危险的活动。孩子的危机意识不足，好奇心又很强，凡事都想尝试一下。因此，让孩子参与的活动或材料，必须是没有危险性的。

Step2:别遮住孩子观察的眼睛

# Step3:"为什么"让孩子发现更多

## Test:你的孩子喜欢问问题吗?

孩子喜欢提问吗?下面列举了一系列孩子发问频率最高的问题,家长可以借之对照自己的孩子,看看他是否也是个爱问问题的发问狂,还是个一声不吭的闷葫芦。

第一部分问题:关于身体

01. 为什么用手指蘸唾液翻书不对?
02. 为什么感冒时我的鼻子会不通气?
03. 为什么你不让我用茶水吃药?
04. 人走路的时候为什么只用双脚着地而不把双手也用上?
05. 为什么眼睛能看见东西?
06. 为什么有时候眼皮会不停地跳?
07. 人为什么有两只耳朵,而不是三只?
08. 盐为什么是咸的?
09. 人为什么不会飞?
10. 为什么小孩子就应该多晒太阳?
11. 为什么笑的时候也会流眼泪?
12. 动物也有血型吗?
13. 为什么打完针后要按住针眼?
14. 为什么您不让我经常挖耳朵?
15. 人为什么会梦游?
16. 为什么近视眼要配戴眼镜?
17. 隐形眼镜为什么是隐形的?
18. 为什么背双肩书包好?
19. 蒙头睡觉有什么不好?
20. 献血会死吗?
21. 感冒的人看我一眼,我会得感冒吗?
22. 牙膏为什么要从后往前挤?
23. 为什么每天早上都要吃早饭?

第二部分问题：关于自然

01. 为什么秋天会有落叶
02. 为什么植物能产生氧气
03. 世界上什么植物个子最高
04. 植物为什么将泥土留住
05. 哪些植物能预报天气
06. 植物会进行谈话和交流吗
07. 杂草的生命力为什么特别强
08. 植物种子是怎样萌芽的
09. 向日葵为什么总是朝着太阳
10. 为什么树干要长成圆柱体
11. 仙人掌为什么没有叶子
12. 森林中怎样辨别方向
13. 为什么椰树都长在海边
14. 哪一种水果维生素含量最多
15. 为什么竹子长不粗
16. 植物也会睡觉吗
17. 下雨后地上为什么长出许多蘑菇
18. 你听说过会走路的植物吗
19. 植物也能感受到痛苦吗
20. 冬天为什么要把树干刷白
21. 为什么大树长得那么直
22. 爬墙虎为什么能抓满墙壁
23. 为什么春天的萝卜会空心
24. 为什么草原上没有大树
25. 为什么雨后春笋长得特别快
26. 植物能听得懂音乐吗
27. 植物也会冬眠吗
28. 为什么骆驼背上有小山包

一般来说上述问题中会有超过20个被家长碰到，因为这些基本上都是孩子最容易问到的。除此之外，还有很多令家长无比尴尬和无奈的问题，例如"妈妈，什么叫无痛人流？什么叫男性生殖健康？"、"公交卡里的钱是怎样到司机旁边的硬币箱里的？"、"政府是什么？它哪来那么多的钱？"、"为什么我没有小鸡鸡？"之类。

## Why:看看孩子问问题的心理

对于孩子问问题，家长们的态度是有些复杂的，一方面比较喜欢孩子提问，这至少说明孩子的语言表达能力和认知能力都在提高；另一方面，家长又比较害怕孩子的提问，因为里面有很多都是自己无法解答的，而且有的会让大人十分尴尬，根本想不到该如何解答。

如果父母能搞清楚孩子问问题的动机和心理，就能很好地进行解答，也有助于父母了解孩子的内心世界。

### 提问是一种本能

提出疑问，是人类的一种本能。某种程度上来说，对孩子而言是一种突破。要提出问题，就首先要对自己有疑问的现象进行观察，观察之后再将疑惑在大脑中形成一个基本思路，然后将词汇进行组合，再克服胆怯和羞赧，然后才能将问题问出来。

当孩子开始不断发问时，说明他的认知能力、观察能力、语言表达能力都上升到了一个新的层面。

### 好奇是主因

心理学认为：好奇心是个体遇到新奇事物或处在新的外界条件下所产生的注意、操作、提问的心理倾向。好奇心是个体学习的内在动机之一、个体寻求知识的动力，是创造性人才的重要特征。人类社会为什么会有牛顿、达·芬奇、爱因斯坦、伽利略、柏拉图、孔夫子，等等，主要原因之一就是，好奇心。

文坛巨擘鲁迅先生很早就认为，对儿童要循循善诱，教给他们文化知识，使

他们明辨事理。儿童天真纯洁，喜欢游戏，有爱提问的天性，大人要注意发展儿童的想象力和求知欲。他曾经说过："孩子是可以敬服的，他常常想到星月以上的境界，想到地面以下的情形，想到花卉的用处，想到昆虫的语言，他想飞上天空，他想潜入蚁穴……"因此，面对孩子们提出的问题，鲁迅总是不厌其烦地给予解答。

有一天，海婴问鲁迅："爸爸，侬是谁养出来的？"
"是爸爸妈妈的爸爸妈妈养出来的。"
"爸爸妈妈的爸爸妈妈，一直到从前，最早的时候，人是哪里来的？"
这追索到物种起源的问题，鲁迅便告诉他是从子——单细胞——来的。但是海婴还是刨根问底："没有子的时候，所有的东西又是从什么地方来的？"
这问题不是几句话可以回答得了的，而且也不是五六岁的孩子所能理解的。但为了不使孩子失望，鲁迅还是耐心地告诉他："等你大一点读书了，先生会告诉你的。"

很多家长对孩子过分的好奇心感到有些不解，他们不解的是孩子为什么会有那么多问题。这种不解是由于他们没有换个角度去看待这个问题，要知道孩子才来到这个世界上不超过十年的时间，但人类文明已经进化了近一万年的时间。孩子来到这个世界上不久，当然会有很多感到有兴趣的东西，自然会产生很多好奇。好奇之后，就会不断有问题冒出来了。

醉翁之意不在酒
这里主要有两类情况，一类是希望引起父母的关注，一类是希望获得一些东西或达到一些目的。
通过提问的方式来引起父母将注意力转移到他的身上，很多孩子都会用到这个伎俩。他们并不真的想得到问题的答案，而是希望父母因此而转过身来看着他，与他进行沟通。
另一类方式，孩子是为了达到一定目的，确切地说是为了从父母那里得到某一行为的许可。

例如当孩子问到以下问题时：

"为什么我不能躺着看书？"

孩子潜台词：他其实是想常常躺着看书，因为那样让他感觉很舒服。尽管他知道父母可能不会允许他这样做，但他还是想提问一次，来争取有一个好的结果。

"牙膏为什么要从后往前挤？"

孩子潜台词：哼哼，每次都要唠叨我，非要让我把牙膏从后往前挤，这是谁规定的，真的好麻烦，一定要这样做吗。

"为什么每天早上都要吃早饭？"

孩子潜台词：我真的不想吃早饭，又不饿。不吃又能怎么样？我听说表哥就从小不吃早饭。

"酸奶的营养要比牛奶高吗？"

孩子潜台词：牛奶太难喝了，我要是能天天喝酸奶就好了，酸酸甜甜味道太棒了。

"为什么要用热水洗脚？"

孩子潜台词：我才懒得去烧热水，然后花五分钟的时间泡脚，真的好麻烦，直接用凉水冲一下不就行了。

"人为什么会出汗？"

孩子潜台词：我不想出去锻炼身体，因为我想出汗之后把身上弄得黏黏糊糊的。

## 回答孩子问题的窍门

面对孩子千奇百怪的提问，父母的回答也需要有很多窍门和技巧。而不同的回答方式，也会产生不同的效果，好的回答还会对孩子产生非常积极的影响。

由于提问是幼儿对事物感到好奇，探究问题结论的思维活动，也是幼儿思维发展水平提高的主要标志，所以父母应该正确对待幼儿的提问，使之解除疑惑，掌握深浅适宜的知识和技能，以提高认知能力，形成能力。

一、耐心＋认真，倾听孩子的提问

面对不断提问的孩子，父母首先需要的就是耐心，乍看起来这似乎很容易做

到。或许当您的孩子提出前五十个问题时，您还能保持耐心，可如果他问到一百个问题时还丝毫没有停止的意思时，您还能保持耐性吗？所以说，耐心是首要的因素。

儿童在接触了周围生活和参与了一定的学习活动之后，会对周围生活中各种现象发生一定的兴趣，在求知欲望的支配下，他们会主动地向父母发问，希望家长能够给予满意的回答。因此当父母在遇到孩子提问时，一定要耐心地听取，并对孩子的提问给予鼓励和支持。当家长听懂孩子提问的目的之后，再给予解答。

"疑问是获得知识的钥匙"，只要父母经常鼓励孩子提问，孩子就会养成思考的良好习惯。反之如果父母对孩子的提问感到厌烦或不予理会，久而久之，孩子的学习积极性就会受到挫伤，而懒于思考问题，同时还会影响其智力的发展。

## 二、要端正态度，然后再回答孩子的提问

正确回答孩子的提问是非常重要的，因为孩子的年龄小，对父母非常崇拜，如果父母给孩子的回答是错误的，那么这种错误将对孩子可能有终生的影响。

首先，回答孩子的提问要做到及时性。即对孩子的提问应该不失时机地立即给予回答，除了父母暂时无法回答的问题，一般都应该在孩子提出问题后马上回答才能使孩子的求知欲望得到满足。如果孩子提出的问题父母马上回答不出来，则应该告诉孩子"让我想一想，等一会儿我想好了再告诉你。"然后父母应该立即向他人请教或者查阅资料，以最快的时间找到答案后告诉孩子。

其次，要注意科学性。由于孩子所提的问题往往是复合性问题，即一个问题中包含着多方面内容，这就要求父母必须逐一地正确回答。也就是说父母的回答必须是准确无误的，既不能随意轻率、错误地回答，也不能以似是而非的答案使孩子无法理解。

再次，要注意思想性。所谓的思想性是指对孩子的回答一定要有教育意义。因为孩子的年龄小，父母能够从一定的教育目的出发回答孩子的提问，不仅可以使孩子获得了知识，同时还能使孩子受到一定的思想教育，促使其身心健康发展。另外，回答孩子的提问要注意启发性。父母在回答孩子的提问时，一定要注意启发孩子自己思考，凡是孩子经过讨论能够解释清楚的问题，尽可能地要组织其他孩子一

起参加讨论,当孩子找到正确答案时,父母及时给予肯定和鼓励,可以使孩子不断产生新的求知欲望。另外有时对孩子的提问,父母可以变换思维角度,提出一个新的问题让孩子思考,经过孩子自己的努力获得了正确答案后,父母应该告诉孩子"这是你自己想出来的,你做得很好。"这种回答提问的方式,有利于促进孩子思维的独立性和创造性。

第四,要注意易理解性。孩子的知识经验和理解能力是有限的,所以父母告诉孩子的答案一定要做到浅显易懂,深入浅出,便于孩子理解,千万不可复杂化或故弄玄虚,使孩子难于理解。

第五,要注意因材施教。不同的孩子有不同的理解能力和智力差异,父母对不同孩子的提问,应该根据孩子的不同特点和智力水平进行回答。在全班孩子面前回答问题时,应该考虑多数儿童的智力水平,回答的结论便于大多数儿童理解。对于孩子个别提问,可以因人而异进行回答,回答孩子的提问应该对孩子的智力发展有促进作用。

至于其他的窍门,就需要父母根据自己孩子的实际情况不断进行摸索了。

## 鼓励孩子多做假设,激发想象力

用更多的假设和更多的"如果"来把孩子得到答案的过程尽可能地拉长。

简单地说,就是增大孩子获得答案的难度,让他不要再像以前那么轻而易举地就从父母那里获得问题的答案。

在教育专家看来,提问是幼儿的一种语言交流活动,是幼儿自主学习的一种表现,是幼儿合作学习的一条途径,也是锻炼其批判性思维、培养其创新性思维的一个过程。

严格来说,父母是否鼓励孩子提问并给孩子充分的时间和机会提问是影响孩子提问与否的一个重要因素。当孩子意识到父母是支持、鼓励自己提问的,那么孩子所问的问题就会增多;否则,孩子则不提问或问题减少。

不要着急回答孩子的问题

我们的建议是,当孩子在家里提出问题时,父母可以不用立刻回答。然后采用反问式的语句来做出回应,比如"哦,你说呢?"、"我也不知道啊!不如你去书上查查"、"你认为答案可能是什么呢?"

当孩子提问"天空为什么是蓝色的呢?"的时候,有的父母可能这么回答:"小笨蛋,天空本来就是蓝色的。"不过有的父母却会说:"是呀!真的是非常漂亮的蓝色天空,为什么是蓝色的呢?"要想回答好孩子的问题,先要接受孩子对于事物的惊讶情感,这是非常必要的。当然,孩子天真无邪的问题,的确让人觉得好笑。但父母是绝对不能表露出讥笑的表情来对待孩子的问题,这样确实会造成很坏的结果。 轻视或嘲笑孩子的问题,会使孩子丧失发问的意愿。如果无法让孩子得到满意的答案,这时母亲可以非常认真地告诉孩子:"我再去查一查。"这么一来,孩子会因此而受到激励,会想再发问。

在回答问题的同时抛出另一个问题

还是之前说过的,不要那么轻易将答案透露给孩子,即便是真的要告诉其答案时,也不要忘了,这同样是一个抛出新问题的最佳时机。

例如:《母鸡萝丝去散步》中,孩子们发现整个绘本故事中"母鸡为什么就不知道回头呢?"有孩子给出了这样的回答"因为母鸡压根就没听见声音。"有孩子这样说:"狐狸的爪子毛茸茸的,所以发出的声音不会太响。"也有这样回答的"狐狸偷偷跟着母鸡,肯定不会跟得太近,所以母鸡不会发现。"

争论不休,越扯越远时,就需要教师的适时引导,但不是直接告诉孩子们答案,而是引发孩子们的再次讨论,从而获得问题的答案。

同时,也可以抛出更多问题,诸如:"母鸡在散步的时候为什么一直眯着眼睛?""能发现问题,你真厉害!"这样我们就可以在肯定孩子勇敢提问的同时,又支持了他提出下一个问题的勇气。

"谁能解决这个问题?" "狐狸为什么不敢出声?"父母还可以继续抛出问

题,"假设我们在玩捉迷藏游戏时,你躲着可以出声吗?为什么?"由于有了教师的提问引导,孩子们就有了答案"狐狸出声了,母鸡就会发现,母鸡发现了不就跑了?"

抛出新问题,还能有助于激发孩子的想象力。

**有个调皮的男孩子看了《人猿泰山》的电影,就问母亲道:"第一个人是出生在很早以前吗?"、"那个人是从他自己的肚子里生出来的吗?" 这时,母亲可以和孩子一起展开讨论和思考,例如:"嗯,到底是怎么样来的呢?"**

地球上的第一个人,到底是怎样出生的呢?……其实,这的确是非常难以回答的问题。科学家们正努力地工作,希望有朝一日能够回答这个问题。这时,父母可以给她讲国内外有关人类起源的最新研究进展,等等。

就是这样,父母在熟悉恰当方法后,就可以做到三管齐下。一方面回答孩子的提问,满足其求知欲;另一方面抛出新的问题,刺激孩子的探索欲;另外,还可以用假设的方式激发孩子的想象力。

世界各知名学府的招生官员都曾经表示过,在无数个向学校递交入学申请的学生中,大学更加青睐那些爱问问题、有好奇心、有想象力的孩子。因为大学要的就是这类学生,他们已经具备了做学问的基础。

## 提问比说教更有效

有意义的提问可以给孩子独立思考的空间,刺激好奇心,培养兴趣。

**怎样提问?**

有技巧的提问。

如果孩子因和伙伴打架,受到老师处罚。妈妈先问孩子8个问题:

第1个问题:
"发生什么事情了?"给孩子陈述事实的时间。

第2个问题:
"你现在感觉如何?"孩子一旦说出来,心情会好很多,先给他发泄情绪的机会。

第3个问题:
"你想要怎么样?"孩子冷静之后,不管说出什么大逆不道的话,也不要急着教训他。

第4个问题:
"那你觉得有没有其他更好的办法?"这时最好和孩子一起研究解决办法。

第5个问题:
"这些方法实施的后果将会怎样?"这时大部分孩子都明白事情的后果。所以父母要避免说教。

第6个问题:
"你决定怎么做?"父母要尊重孩子的决定。即便是错误的决定,也要等他说完了再指出。

第7个问题:
"你希望我帮你做什么?"表示支持他,但决定权还在孩子。

第8个问题:
"下次碰到类似的情况,你会怎么选择?"让他有机会验证自己的判断。

Step3:『为什么』,让孩子发现更多

# Step4:别让孩子只看"单色"的世界

## Test:五彩缤纷的世界

现实世界是复杂多样的,它不是孩子所想象中的童话世界。也不像孩子所想象的那样,人人都在按照规则行事,这是一个"五彩缤纷"的世界。

事例一:

最近,某小学的学生们有幸进行了一次别开生面的社会体验。一些身穿校服、戴红领巾的小朋友,他们戴着"文明劝导员"的红袖标走上马路。这些小文明劝导者都是放暑假的小学生,在交通部门的组织下分成几个小红帽小分队,上街对横穿马路、闯红灯等行为进行劝导。

然而,这次文明劝导活动却让小学生小涵有点失落,她很不明白:多等几秒的红灯为何就这么难呢?对路人的一次次劝阻,让她觉得这真的不是个清闲的事情。

"叔叔,现在是红灯,等绿灯亮了后再过去吧!"在路口的斑马线上,小蒋同学豆大的汗珠往下流,但她仍然给一位准备横穿马路的男子行了一个少先队礼,进行劝导,这名身着蓝色T恤的中年男子不好意思地返回原地。之后又有一个行色匆匆的叔叔,说要着急过马路去送一份重要文件,但遭到小涵的阻止后,很不好意思地回到了原点继续等绿灯。

在整个劝阻活动中,"小红帽"小组做了个简单的记录,在斑马线上,从中午11点50分到12点20分之间,共有多达34位市民无视交通规则,横穿马路。小涵委屈地说,当时很多叔叔阿姨准备吃午饭,马路上行人多了起来。"很多人不理睬我们,有的装作没听到,有的对我们解释他有急事……一个叔叔夹着皮包包,急匆匆地要横穿马路,我喊了他一声后,他回头给我说他要给别人送药,还说了声'不好意思'!"

在这半小时内34位横穿马路的人中,经劝导后只有8人停止前进。(大部分都是年轻人)很多中老年人则都当做没事情发生一样。

回到家后,小涵一直闷闷不乐,爸爸问她是何缘故。小涵撅着小嘴对爸爸说:"红灯停,绿灯行,车辆行人靠右行。这句绕口令还是您小时候教给我的,您说所有人都会按照这个绕口令的规则来过马路，可事实并非如此！"接着小涵把今天在马路上的遭遇对爸爸讲了一遍，她原本期望很多叔叔阿姨们能够遵守交通法规，可她亲眼看到的却和预期有着很大差距，这多少让她有些想不通。平时，大人们都教他们做个严格规范自身行为、遵守交通规则的孩子，为什么大人说的和做的不一样呢？多等几秒的红灯难道这么难吗？

爸爸被女儿这话问住了，一时语塞的爸爸最后只能这样教育女儿："事情可能往往都是这个样子的，真理掌握在少数人手中，那些人无视正确做法的存在，自然是会付出代价的。"

事例二

小强是某小学的四年级学生，有一次老师带领他和全班同学一起到外面宣传禁止酒后驾车的事情。大家都举着牌子，上面有同学们专门绘制的"禁酒图"，"严禁酒后驾车"几个红色大字非常醒目，40多个少儿正在教师的引导下，用纸片自己制作"禁酒牌"，粉色的小纸牌，红色的禁止线，孩子们凭着自己的理解，在自制的"禁酒牌"上涂抹着不同色彩，每个孩子在"禁酒牌"上写上了自己的名字。有的孩子还专门让老师在自制的"禁酒牌"上写上"珍爱生命，禁止酒后驾车"几个字。

最后小强和同学们相约来到酒店门口等车辆集聚的地方，把禁止酒驾的卡片送给汽车驾驶员们。但是当小强看到有一辆轿车的驾驶座上坐着一个司机，样子很眼熟，走近一看，原来是自己的爸爸。只见爸爸满脸通红，一身酒气。当时有同学认出来这就是小强的爸爸，后来爸爸的同事也走了过来，看到举着牌子的小强，当时的场面尴尬无比。

后来小强整整一个月的时间都没有和爸爸说话，爸爸也是为自己的行为后悔不已。

这个世界就是这样，有人遵守规则，有人不遵守。有人甚至还为自己的不当行为感到很光彩，有的则羞愧难当。要让孩子明白这些，需要一个长期的过程。但家长要注意的是，有的孩子自始至终都认为自己所想的都是绝对正确的，就有可能埋下自负的种子。

## Why:狂妄自大,把孩子囚禁"单色"世界

现在的孩子,基本上都活在一个"我最棒!"的世界里,周围都是清一色的夸奖。长时间浸淫在这种氛围中,孩子就会被禁锢在一个"单色"世界。

被优越感包围的孩子:现实生活中有很多这样的孩子,时学习成绩很好,而且每次班干部竞选也都有他的份儿,什么三道杠、五道杠的也时常佩戴,有时候还会蝉联几次三好学生的称号。总之就是标准的好学生、好孩子,他们自然会经常受到家长和老师表扬。这样的学生一般容易滋长骄傲情绪,他们总是能随意指出别人身上的毛病,却看不出自己的问题,这就使得他们总处于盲目的优越感之中。对这样的孩子,家长切不可放任其发展,必须给予矫正,要教育孩子。

案例一:班里有个小孩子,他的爸爸是个年轻的演员,在当时热播的电影中饰演角色。当学校组织学生看这场电影时,这个孩子自然特别兴奋,银幕上出现他老爸的形象时,他指给同学们看:"这就是我爸!"当时在旁观看的班主任老师马上说:"你爸是你爸,你骄傲什么?"小家伙马上踏实下来认真看电影了。

对应方案:现在学校里比拼家庭背景的不在少数,这种所谓的优越感让他们感到很受尊崇。我们经常会听见孩子们一起议论谁谁的爸爸是科长,谁谁的妈妈是主任,言语之中充满羡慕,这很容易让孩子处于充满优越感的唯我独尊的环境中。

例如有个孩子就曾经对一个不肯给他抄作业的女生说:"我回家让我爸爸把你爸爸开了,不让你爸爸开车了,让他下岗!"女生一听就哭了。

案例二:一位家长曾经向教育专家反映了一个事情。她的儿子一直都是幼儿园的好孩子,可最近一段时间他回家总是告诉妈妈,某某小朋友不听话、某某小朋友饭碗也会数错、某某小朋友画画真难看,甚至还说他们根本不知道自己在做什么。儿子甚至还说,他要主动担负起管理小朋友的重任,用自己出色的能力来多帮助他们。

对应方案：这位母亲虽然很赞同自己孩子的做法，帮助别人和指正别人的不足虽然是好事，但也怕他养成了习惯之后就会因为自身过强的优越感而变得不够宽容。很担心孩子将来，因为个性太强不够宽容的人长大后会很累，与人的关系也不会很好。

案例三：女儿在学校里很争气，经常拿第一。

有一次，我带女儿出去吃饭，旁敲侧击地问了她最近的情况，才了解到一些事情。老师告诉女儿得第一名是在她们吃午饭的时候，当老师告诉她得了第一名时，女儿的反应是：非常开心地拍了下桌子，说："怎么又是第一名？我怎么总是拿第一名？"瞧这女儿说的话，确实有点翘尾巴了。

于是我决定给她浇浇冷水，我问她："你什么总拿第一名啊？"女儿不无骄傲地说："你看我运动会拿了个第一名，跳舞也是第一名，唱歌又拿了个第一名，我不是老拿第一名吗？"唉，这丫头，荣誉上的事儿她倒是记得很清楚。我刮了下她的鼻子，说："是哦，乖女儿真的很棒，拿了这么多的第一名，如果你睡觉也能拿个第一名，不是更好了吗？"女儿想了想说："我也想拿第一啊，不过这也太难了吧，我一直都睡不着。"

对应方案：父母不应再让孩子沉浸在这种单色世界了，应该带着他走到外面去开开眼界，长长见识，让他知道人外有人、天外有天，世界很大很精彩。

先从认识地图开始

买一幅省市级地图，教孩子辨认地图方位，以及地图上的一些基本信息。让他在地图上找到高山、河流、大海、湖泊，并让他说出每平方公里的人口密度。

然后就可以换成全国地图，在原来的知识基础上再教给他更多的东西。让孩子由此意识到绝对不能做一只井底之蛙。之后当然就可以过渡到世界地图了，可以用世界地图，也可以用地球仪。

出去旅游去

每逢假期的时候，都可以带着孩子去一个他从来没有去过的省份，让他对不

同的地方的人和风俗有一个大致的了解。

## 鼓励孩子换角度思考

让孩子换个角度去思考问题，这是一个很关键的思维训练。因为这种思考方式，可以让一个人在"山重水复疑无路"的时候，迎来一个"柳暗花明又一村"的新境界。

下面列出的几个案例和故事，希望能够给家长朋友提供一些参考和提示。

小红放学回家在写作业的时候遇到了几个难题，便向爸爸请教。小红无法明白"杰出"的含义，爸爸也认为，如果直接按照字典上对这个词语的解释来讲给小红听，不一定会让她有深刻的理解和认识。于是爸爸就决定让女儿换个角度去想问题，他换了一个问题启发女儿："刘翔叔叔是杰出的吗？"女儿回答说："是！"爸爸继续追问："刘璇阿姨是杰出的吗？"女儿回答说："是！""那你试着举例说说还有谁是杰出的？"这一下，女儿的思维被激活了，她小眼睛滴溜溜一转，想出来的答案是五花八门："雷锋、毛泽东、杨立伟……"

还有一次老师布置让写作文，是关于老黄牛和水滴石穿的。小红的爸爸意识到，不同的时代对人的观念有不同的要求，女儿现在生活的时代，老黄牛的精神固然是需要提倡，但更主要的是要解放孩子的思维，让他换个角度去看待问题。最后，女儿在爸爸的引导下，不再像其他人那样夸赞老黄牛和水滴石穿的精神，而是换了另外一种角度，最后这篇作文被老师点名表扬，列为范文。

这就是换个角度思考问题的技巧，避开抽象和生涩，让孩子自己主动联系那些生动的实例。

转愁为喜的老太太：说的是，有一位老太太整天为两个儿子愁，他的儿子一个是开染坊染布的，一个卖雨伞的。晴天老太太就为卖雨伞的儿子愁，下雨就为染布的儿子愁，结果整天都在愁。头发都愁白了也没有什么好办法，有一天遇到一位老

人就问她你整天为什么愁呀?她就把为什么愁的事说了。老人就笑了说:你应该换个角度想。晴天时染布方便,那您就该为染布的儿子高兴,雨天人们都会去买伞,您就该为卖雨伞的儿子高兴,这样一想,您每天就都能高兴起来了。老太太从此就每天开心了。

化雾为水:智利北部有一个小村庄,这里西临太平洋,北靠阿塔卡玛沙漠。这个地区有一个严重的问题,缺水。降雨量少得可怜,要说这里干燥吧,却又连年多雾。原来由于特殊的地理环境,使太平洋冷湿气流与沙漠上的高温气流终年交融,形成了多雾的气候。我们都知道,雾是由水组成的,但这些浓雾丝毫无益于这片干涸的土地,因为白天强烈的日晒会使浓雾很快蒸发殆尽。

一直以来,在这片干旱的土地上,看不到绿色。当地的人们也想不出有什么好的办法来解决这个由来已久的问题。

后来加拿大一位名叫罗伯特的物理学家来到这里,同样除了村庄里的人,他也发现这里因为缺水而没有多少生命迹象。但他有一个重要发现,那就是这里处处蛛网密布。这说明蜘蛛在这里四处繁衍。为什么只有蜘蛛能在如此干旱的环境里生存下来呢?罗伯特把目光锁定在这些蜘蛛网上。借助电子显微镜,他发现这些蜘蛛丝具有很强的吸水性,极易吸收雾气中的水分。而这些水分,正是蜘蛛能在这里生生不息的主要条件。

既然蜘蛛可以借此生存,那么我们人类为什么不能像蜘蛛织网那样化雾为水呢?在智利政府的支持下,罗伯特研制出一种人造纤维网,选择当地雾气最浓的地段排成网阵。这样,穿行其间的雾气被反复拦截,形成体积较大的水滴,这些水滴滴到网下的流槽里,就成了新的水源。直到今天,罗伯特的人造蜘蛛网平均每天可截水10580升,而在浓雾季节,每天可截水131000升,不仅为当地居民生活之需带来了充足水源,而且还灌溉了大量土地,这里已长出了百年不见的鲜花和青绿的蔬菜。

家长可以从侧面对孩子的思维模式进行启发,往往一个小问题,可能就会让孩子的思维迸发出不一样的火花,进而产生一个与众不同的新思路。

## 理解别人，让孩子换得好人缘

为什么有的人就能够交到那么多的知己朋友，但有些人却是孤苦伶仃。要交朋友，首要一点就是要学会善解人意，设身处地地替别人着想。

同样的道理，要想让自己的孩子有一个好人缘，在伙伴中间更受欢迎，就需要从小教会他如何去理解别人。

第一步，好客的父母只会有好客的孩子

这句话是个比喻，实际上说的是父母本身如果就是善于交际，善于替别人着想，喜好广交朋友，并且和邻里之间的关系都处得像挚友一般，那么他的孩子肯定也会耳濡目染，受到这方面的熏陶。如果父母本身就经常为鸡毛蒜皮的小事而斤斤计较，那么他的孩子也会近朱者赤近墨者黑。

第二步，承认和尊重他人的所有权

这是西方教育专家从司法领域延伸出来的一个教育理念，即我们的父母要教会自己的孩子去尊重别人的所有权，确切的说是尊重其他伙伴的所有权。

首要的，父母要帮助孩子分清哪些东西是自己的，哪些是别人的。教育孩子关心他人，尊重别人的所有权，并使其初步懂得为什么要这样做。这是最基本的相处之道，自己的心爱之物自己当然是十分珍爱的，但也要欢迎别人来参观，大家来共同分享快乐。但别人如果弄坏你的东西，你肯定是不高兴的。同样的道理，如果你有幸被邀请去观赏别人的心爱之物，当然也必须遵守规则，像爱护自己的东西一样来爱护别人的东西。父母可以回想一下，自己孩子和小伙伴的矛盾，有多少不是因为玩具纠纷而造成的。

案例分析：星期天，亮亮到强强家玩游戏机。两个孩子正"打"得热闹，强强妈回来了，她热情地跟亮亮打招呼，可亮亮连头也没抬。强强妈以为他注意力太集中，也就没在意。过了一会儿，强强妈把削好的苹果递给他俩，亮亮二话没说，拿起一个最大的就啃。打完游戏后，亮亮又打开赵强的抽屉，说要看看有什么好玩的，弄得一团糟。亮亮走后，强强妈无奈地说："以后别跟他一起玩了，这孩子不懂得尊重别人，也不懂得自重。"

这个案例中的亮亮，就属于典型的不知道尊重他人所有权的情况。这类孩子所表现出的行为，会被不少外人出于礼节考虑而原谅，但时间久了，人家心里是否真的能原谅，就不得而知了。

第三步，学会用商量式口吻和礼貌用语进行交流

"请你……"、"谢谢"、"对不起"、"如果您不介意的话……"，等等措辞，恐怕现在很少有孩子会主动去用了。要培养这一语言习惯，可以先从家中开始，例如父母让孩子帮助做什么事时要说："请你……"而不要说生硬的命令句。如果孩子做完了某件事，说声"谢谢"。有什么事，家长也要与孩子商量。

例如，父亲想调一个电视频道，最好先与孩子商量："我们调个频道看看好吗？"当孩子在家中养成这种语言习惯后，就会将其应用到和小伙伴交际的过程中。

案例分析：峰峰邀堂哥到家里玩，傍晚时分，回到家的妈妈见到峰峰正死死地抱着电话，不让堂哥打，也不知道二人在搞什么鬼。一问才知道，原来峰峰想让堂哥留在家里吃饭，但表哥不敢私自做主，要打电话告诉家人回家吃，峰峰这个小鬼却死活不放堂哥走。

峰峰妈听了原因，笑着说："峰峰可以先问问堂哥，愿不愿意留下来跟你一起吃饭，如果表哥不愿意的话，我们是不能勉强的。每个人都有自己喜欢和不喜欢做的事，你不喜欢的事，我们强迫你去做，你也会不高兴的，对吗？"于是，峰峰抽泣着问堂哥："哥哥，我想留你在我们家一起吃饭，好吗？"见峰峰这么诚恳，堂哥最后也答应了。

想让孩子有好人缘，其实就是这么简单，只要他懂得理解他人感受，能注意礼貌，自然会交到更多的好朋友。

# Steps:别让孩子只会说"对不起"

## Test:你的孩子会经常道歉吗?

现在让有些家长头疼的问题是,自己的孩子并非是不知道认错,并非是不知道道歉,而是屡教不改,对不起说了一万次,但下次该犯还是要犯。

做错事就要勇于认错并做出道歉,要及时说对不起。这是我们从小就教育孩子要做的,但我们似乎忽略了一些更重要的问题。

做错事道歉,是为了征得对方的原谅。那么之后呢?后面就没有了吗,不是的,道歉之后要做到的,是永远不再犯这个错误。

有的孩子总是欺负小伙伴,总是在道歉,总是不断再犯。

元元是个远近闻名的"小霸王",到外面玩时,不是推倒邻家小妹,就是一脚踹哭比他大的小哥哥,爸爸总是不停地应付元元闯的祸。

一次,爸爸带元元到叔叔家做客,元元和妹妹一起玩"过家家",玩着玩着,俩人就为谁扮演警察而吵起来,元元一把将妹妹推倒,妹妹哭着向元元的爸爸告状:"他欺负我!"爸爸拉过元元要他向妹妹道歉,元元很快就过来以很爽快的态度说了好几声"对不起"。看到元元很快道歉,小妹妹倒是有些想原谅他。但是过了十分钟之后,另一个被元元欺负哭的小妹妹又跑到元元的爸爸那里开始哭诉,于是爸爸只得拉着元元开始下一轮道歉。每次都是眼看爸爸伸出手就要打自己了,元元不服气地拉着长声说:"我错了,哼!"看着元元一副不知错的模样,爸爸真是又急又气。

现在再来看看另一个例子,还是一个孩子屡次道歉却屡教不改的问题。一位母亲叙述了她面临的难题,她的儿子约翰总是不能按时回家。她告诉我们,他总是找各种各样的理由,也不遵守诺言。

我站在约翰的立场,重新把这个情况介绍给大家。然后,我写了家长在约翰常年迟到的问题上,可能用到的三种方法。

约翰:我喜欢和同学放学后在操场上玩。我知道应该五点半之前回家,但有的时候，我忘了。昨天和前天，我回家晚了，我妈特生气，我不想让我妈再对我大吼大叫。那天我问同学几点了，他告诉我六点半。我马上不玩了，跑回家。向我妈解释："妈妈对不起，我真的是问时间了，但已经太晚了，我用最快的速度跑回家的。"

而约翰家长的反应是"我已经听够你的借口了！再也不相信你了，你每次都是道歉，但每次都会再犯。这次你要接受惩罚。从下周开始，每天放学就回家，不能出去，也不能看电视。我不在的时候，我会让姐姐看着你。回你自己的房间吧，晚饭已经取消了。"

我们的孩子总是因为一些重复性的错误而用一些公式化的道歉来进行回应，例如：

一：比如上课不听讲，被老师点名，再点名，再点名，一节课下来点个十遍二十遍的都是很常见的事情。最后被叫到办公室之后就又向老师道歉，搞得老师都没办法了。最后，没办法，这类孩子就在上课的时候尽量不低头，眼睛死盯着老师，外表上是在听了，心也许又跑了。

二：作业里的那些常见错字，有的孩子会重复性地错很多遍，以前每错一次，他都会说对不起，是我写错了。并且父母还让他多写几遍，可是现在看来也不管用，再出现那个容易写错的字时，家长只得再次及时提醒，当您的手指一指到那个错字时，尽管还没等说什么，他就笑着赶紧拿橡皮，说："哎呀，又是我的错，对不起对不起！。"

三：写字潦草，你告诉他要认真写，他就跟没听见一样，继续写得很潦草，理由是：这样写的时候，手握笔的力量轻，手不累。

孩子一道歉，很多家长就会心软妥协，不再追究孩子的错误，这是一个典型的传统教育误区。我们之前，包括上一辈人，对孩子进行教育都是采用棍棒底下出孝子的方式，目的只有一个，让倔强的孩子低头认错，说对不起。家长认为，只有让孩子亲口道歉说出对不起，他才真正是认识到错误了。所以很多家庭的教育也都

以此为标准，即只要孩子认了错，道了歉，就说明刚才的教育手段已经取得了成效。

可事实真的如此吗？这不过是掩耳盗铃罢了，我们很快就发现，孩子在犯错之后都会爽快地认错，爽快地道歉说对不起，可之后仍然会我行我素，把大人的叮嘱全然当做耳旁风。

## Why:公式化的道歉没意义

如果一个孩子只知道公式化的道歉，并且总是会屡次犯同一个错误，那么他的道歉就已经没有任何意义了。

几乎所有的孩子都会道歉，一声对不起、没关系的话语时常听到。但是，这样的道歉又时常令许多受委屈的孩子不满。因为说对不起的孩子明白，只要说声对不起就可以了事，反正爸妈不会追问自己的。

可问题在于，现在的小孩子实在是鬼精灵，他们知道如果做错了事不道歉的话父母是不会轻饶他的，所以他决定只要做错事就道歉。最开始的时候，孩子在说对不起时可能还会心怀内疚，但时间久了，就只是动动嘴皮子那么简单了。最后就会达到道歉时脸不红心不慌的麻木不仁的程度。总之他会以最快的速度完成道歉的过程，然后飞速抛开，然后用更快的速度去犯下下一个错误，紧接着就是道歉，如此反复。

他这类孩子去欺负小伙伴后并道歉时，受委屈的孩子的感情没有得到很好的修复。生活中这样的例子很多，经常看到有告状的孩子，即使别人已经向他说对不起了，他还会闷闷不乐地坐于一旁。

第一步，强化道歉的诚恳度和仪式性
① 道歉时先正视对方的眼睛。

不管是向同学还是向父母道歉，都需要抬起头来正视对方的双眼，用目光正视对方，也是一种礼貌，能让对方感受到自己的诚意和尊敬。有很多孩子在道歉时不愿意抬头正视对方，而是目光不停地看别处，这显然是在回避对方的质问。

② 用一种诚恳的目光看着对方的同时，再用较为缓慢的语速说出："这是我

的错，我的责任，对不起！"有的孩子在道歉时，就是不愿意看对方的眼睛，这是明显的不耐烦的想要逃避责任的表现。

可以肯定的是，当一个孩子在说出对不起这三个字时，其语速越快，就越没有道歉的诚意。可气又可笑的是，有的孩子在道歉时，你甚至无法听到他嘴里"乌噜……乌噜"在说什么，还没听清楚时，人家就已经结束道歉并溜之大吉了。这就属于典型的公式化的无诚意道歉，其效果之低是可想而知的。

③ 用更加诚恳的语气再补充一句："您能原谅我吗？"

征得对方的原谅，是道歉程序的必要环节。有的人在道歉之后还不知道有没有得到对方的谅解，就已经一溜烟儿消失了，这样的道歉是没有意义的。

第二步，其他的道歉方式

写一封措辞恳切的道歉信，道歉信相对于口头道歉来说，要正式和严肃得多。同时，道歉信也比较能够让对方冷静下来接受你的道歉。信的字数不需要太多，但措辞要注意，多用敬语，表达歉意的词语要深刻。

事实上很多家长都比较乐于接受来自孩子的道歉信，所以不少学校都在父亲节或母亲节来临之际，让所有的孩子都跟自己的父母写一封信，在心中就自己以往不懂事的表现和所犯的错误进行道歉。没想到竟然在家长中间，引起强烈反响。

*有一个女孩子给父亲写的一封信，让父亲几度哽咽。她在信中写道："爸爸，感谢您一直以来的关心和照顾，我知道您十分爱我，但我却并没有在您辛苦上班的时候，说过一句'爸爸，我爱您'。也没有在您下班的时候，说过一句'爸爸，您辛苦了'。爸爸，希望您不要为我所做的事伤心……我要让您为我而骄傲和自豪。"*

对于日前许多学校采取让学生跪父母表达感恩和歉意的事情，不少孩子的父母都表示：孩子下跪固然表达了对父母的尊重，但是这种形式上的尊重，却没有书信沟通来得彻底。通过书信沟通，双方都了解对方的诉求，解决对方的困惑。信中道歉的话语，也瞬间解开了许多家长和孩子之间因为一些琐事而结下的心结。孩子

的道歉信，让父母在原谅孩子的同时，也对自己平时教育方式中的不足之处进行了反思。

不过在实际操作过程中，父母也要注意细节问题，比如道歉信写来写去，最后可能在内容上也会千篇一律，甚至由道歉信转变为检讨书，这就和我们的初衷产生了背离。所以父母在要求孩子写道歉信的时候，就要事先声明，每次信中的内容都不能发生重复和雷同。

## 一千句"对不起"顶不上一个解决问题的能力

当一个问题或错误已经产生时，就需要有人去解决或者拿出切实有效的解决方案。说对不起当然是有必要的，但如果只知道说对不起，说完之后丝毫没有把问题解决，没有把错误改正，那还有意义吗？

所以说，一千句"对不起"，顶不了一个解决问题的能力。所以说对待孩子的道歉，父母要教孩子不光要说对不起，还要想出来一个解决问题的方案，这个方案可以实现永远不需要再说对不起。

小涛是个有网瘾的孩子，他有一个富裕温暖的家庭，有爱他的爸爸妈妈，但是全家人都在为他的网瘾问题发愁。

有一次小涛在网吧里面泡了三天没回家，心急火燎的爸爸带人在网吧找到他时，他还在不停地沉浸于网络世界。爸爸正准备当众大声责骂小涛，谁料想儿子却当众低头认错，眼含泪水，诚恳地说："爸爸对不起，我错了，我跟你回去！"听到儿子的道歉声，爸爸高高扬起的手只得放下，叹一口气把孩子领出了网吧。

还有一次是在奶奶六十大寿的时候，全家人都去了，可唯独不见孙子小涛。奶奶像是心口堵了一个东西一样生了大半天的闷气，爸爸被弄得灰头土脸，只得忍气出去挨个网吧找儿子。儿子回来后又在奶奶和妈妈面前郑重地道了歉，一看这个情况，爸爸也不好再说什么。事情就这样不了了之。

后来有一次事情发展到了让爸爸忍无可忍的程度，小涛又一次逃学一个星期去网吧上网，被爸爸发现后直接带回家中。这次无论小涛怎样道歉，爸爸都没有听

下去，而是用绳子将儿子的双手双脚绑住，长达10多个小时不准吃喝。妈妈和爷爷奶奶都三番五次地到爸爸那里求情，爸爸也很为难，因为他知道如果自己这次让步的话，最后的结果肯定是以儿子"诚恳认错"而告终。过不了多久，他这个当爸爸的就又要去网吧抓儿子回家了。如此反复下去，什么时候是个头啊。

到了晚上十点多，一天不吃不喝的儿子申请和父亲进行一次深谈。于是父子二人单独在一间屋子里进行了一次长达两个小时的促膝长谈，谈话期间双方都表达了自己的意见。爸爸认为，儿子反复道歉之后又反复再犯的做法已经无法让他再给予信任。儿子也表示自己知道自己的毛病在哪里，但就是网瘾上来无法坚持。儿子打算自今天开始，不再道歉，而是自己针对自己的问题制定出一个解决方案来，但这个方案的制定也需要父亲的支持和理解。

最后双方达成一致，相互谅解。

儿子针对自己的问题，制定出了一个计划。整个计划的核心，就是把自己所有的课堂之外的时间进行合理安排和计划。这种安排必须是无缝隙的全面覆盖，以保证自己在课堂之外时间中的每一分钟，每一秒，都是有事可做的。

父亲看到，在这些课外时间里，儿子决定去钓鱼、上钢琴课、学跆拳道，甚至还有跟父母学修车。这让他很感动，至少孩子已经提出了一套切实可行的方案，至少没有再像以前那样只知道对父母进行公式化的道歉。

一段时间之后，孩子的网瘾真的有所改善。爸爸和儿子之间的矛盾也逐渐趋于消弭。

上述事例就很能说明问题，道歉只是表明态度而已，而不是解决问题的方法。所以当孩子再犯错时，我们就先不要着急听孩子的道歉，也不要再劳心费神去让孩子道歉了，因为您要的结果，是让孩子改正一个错误。问题既然出现了，就不能置之不理，而是要想办法和孩子一起研究出一个一劳永逸的解决方案。

通过这种教育方式，可以让孩子锻炼出解决问题的能力，只有做到这一点，孩子为错误所付出的代价才值得，因为我们已经实现了从错误中成长的总体目标。当然，道歉还是有必要的，既要让孩子在犯错后以诚恳的心态道歉，也要让他找出一个解决问题的方案来，这才是真正意义上的道歉，真正意义上的吃一堑长一智。

## 父母别着急,听听孩子的辩解

孩子有为自己申辩的权力,父母也一定要给孩子这个机会,以免因为误解而冤枉孩子。即便真的是孩子错了,也要照顾一下孩子的自尊,给他留一点面子

笔者的一位朋友曾经提起过小孩子辩解的事情,他小时候也是个毛手毛脚的淘气鬼,经常失手打翻家里一些东西。有一次家里的东西被人打翻,但肯定不是他,但是父亲一回来还没听儿子解释就直接说:"不用问,这一定是某些人干的!"这句话至今仍然让他刻骨铭心。

其实,即便孩子不是被冤枉,但至少也应该被允许为自己的行为进行基本的辩护和解释。

有一位母亲曾经讲述过一个令人非常遗憾的真实故事,事情发生在十几年前。

那时她的儿子还是一个无知小孩,这个小孩什么都好,十分活泼可爱;但却有一个让人无法谅解的毛病,这个孩子竟然去偷拿别的孩子的玩具。由于这位母亲平时对孩子的要求非常严格,所以就很少给孩子买那些不实用的东西,比如儿童玩具。这位严苛的母亲认为那只会让孩子形成和他人攀比炫耀的坏习惯。她总是觉得玩具会限制孩子的想象力与创造力,如果没有玩具的干扰,自己的孩子可能就更需要运用自己的脑子,想办法琢磨出更多的玩法。

正是基于这样的观念,这位母亲对自己的孩子十分苛刻,在别人的孩子手里的玩具都到了多得被堆起来的时候,她的孩子是两手空空。每当孩子想要玩具时,妈妈都会训斥他,告诉他那些东西是不该买的,而且妈妈是不可能会给他买的。孩子由于已经习惯了母亲的态度,慢慢地也就不再向她要钱买玩具了。

但是这位母亲却发现孩子在偷拿别的孩子的玩具,这让她很恼火,作为母亲的她当然不能纵容他这样做。于是打孩子就成了她经常的节目,有时候她也问过孩

子为什么去拿别人的东西，但在母亲的盛怒之下，孩子早已什么也不敢说，只有瑟瑟发抖的份儿了。母子间的拉锯战就这样展开，母亲一次次打下来，疼在孩子身上，疼在她心上，但为了孩子将来不走错路，妈妈还是不停地对孩子的行为进行"矫正"。

十年之后，当年顽皮的儿子已经考上大学。在一个偶然的机会，已上了大学的儿子与她谈起了当年的事，儿子所说的话让这位母亲对自己当年的做法感到十分后悔。儿子慢慢地向他解释说，那时自己拿别人的东西只是因为自己什么也没有，向她要她又不肯给他买，他看到别人的东西，就忍不住去拿。事实上这也是可以理解的，因为一个孩子又有多大的自制力呢？

当他看到那么多好玩的玩具时，早已把妈妈平时的教导和打骂都抛到了耳后，只想自己也能亲手拥有一个玩具，所以才会一而再，再而三地犯同一个错误！

通过上述故事，我们也都感到十分遗憾，因为如果这位母亲能够在动手打孩子之前专门抽出哪怕一个小时的时间和孩子进行一次促膝长谈，听听孩子的内心话，相信孩子就不会再去偷玩具了，更不会因此而留下十数年的心理阴影。

父母应该以平等的视角去尊重孩子，无论什么事情都要给孩子一个解释的机会，要尽可能地做到不武断地批评或否定孩子的想法和做法，更不能简单粗暴地指责孩子，而是要静下心来了解事情的来龙去脉，再给予必要的帮助和指导。

然而我们这些为人父母的似乎总是无法控制自己的怒火，所以常常会有这样的情况发生：孩子犯了一个小错，父母单凭自己了解的情况就对孩子的行为作出评价和责备，当孩子申辩或解释的时候，父母就会火上加气，心想"你犯了错还狡辩？"于是，对孩子大喊一声："住口！"可以想见的是，孩子这个时候该有多么委屈。曾经就有相关机构对上千名学生做了一次调研，结果显示孩子们最不愿意听到父母说的一个词，就是"住口！"另一句话就是"你一直都怎样怎样，你总是怎样怎样"。

不给孩子解释的机会，就粗暴地指责孩子，不仅会让孩子对父母产生不信任感，甚至会让孩子产生逆反心理，产生挥之不去的阴影。

## 亲子教育从听话到沟通

### 案例：我是不是妈妈的乖宝宝？

有一对夫妇的感情不好，本来要离婚的，却发现妻子已经怀孕了，于是就决定不离了。孩子生下之后，夫妻都很爱她，尽量在孩子面前隐藏两个人的矛盾。他们经常会问孩子一个问题：

"你是不是妈妈的乖宝宝？"孩子回答是。"你是不是爸爸的乖宝宝？"孩子也说是。但在孩子2岁的时候，有天爸爸又问她："你是不是爸爸的乖宝宝？"孩子却不回答，而是拉着他的手来到妈妈身边，问妈妈："我是不是妈妈的乖宝宝？"妈妈说"当然是了"，孩子这时才对爸爸说"我也是爸爸的乖宝宝。"

### 讨论：从改善夫妻沟通开始改善亲子沟通

孩子的爸爸非常不理解孩子为什么有这种举动，其实这是因为孩子已经觉察出爸爸妈妈之间的矛盾，她之所以不直接回答是因为怕说是爸爸的乖宝宝，就不是妈妈的乖宝宝了，因为孩子已经敏锐地发现了父母的不合。

有的夫妇说两个人闹矛盾从来不在孩子面前表现出来，以为孩子不知道，其实是错的。孩子的敏感和领悟力往往出乎大人的预料。所以，不是在孩子面前伪装成相爱，而是把抚养孩子的过程当作一个改善关系的好机会。孩子是父母重新学习爱的最好的教科书，你也许不会为了爱人、父母舍弃你非常重视的东西，改变自己的个性，但为了孩子却可以改变，所以要掌握彼此愿意改变的机会，重修你们的关系。

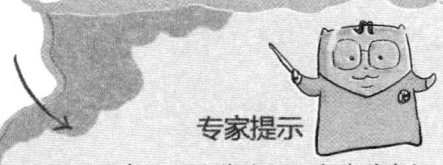

**专家提示**

让孩子在幼小时潜移默化地学到爱与支持，这种精神力量比任何教育都重要。而且父母之间的爱会让孩子的心处于一种平和的状态，更有利于他把精力用于其他的心智的发展。

**教会孩子吃苦就是给孩子幸福**

**主编 总策划**

鹏 程  13611055505 QQ:99557307

**内容编写**

赵海风 郑亭亭 房海林 艾立成 吴国梁 李凯雪
李四平 郑玉洁 刘 燕 张 超 张 静 赵义文

**脚本编写**

郑亭亭

**资料整理**

杨再发 万国权

**版式统筹**

鹏程 丁文华  guandianz@163.com